身体感覚を取り戻す

腰・ハラ文化の再生

斎藤　孝 *Takashi Saito*

NHK BOOKS
[893]

NHK出版【刊】

目次

序章　カラダにいま何が起きているのか

二〇〇〇年のカラダ文化

最近、自己の存在感の稀薄化がしばしば問題にされる。自分がしっかりここに存在していると感じられるためには、心理面だけでなく、身体感覚の助けも必要である。現在の日本で、自分のからだに一本しっかりと背骨が通っていると言うことができる者はどれだけいるであろうか。あるいは、「腰が据わっている」や「肚《はら》ができている」や「地に足がついている」といった感覚を自分の身において実感できている者はどれだけいるであろうか。

二〇〇〇年の日本は、一種のカラダの博覧会である。八〇代でも背筋がシャンと伸びているカラダもあれば、一〇代でも地べたにへたりこむカラダもある。からだにはもちろん個人差がある。しかし、トータルな傾向として、足腰が弱くなり、からだの中心軸が失われてきつつあることは明らかではないだろうか。

二一世紀を迎える現在の日本には、身体のさまざまなタイプが混在している。その中でも大きな違いが見受けられるのは、現時点での七〇歳以上の人たちのもっている身体文化や身体知と、六〇歳前後から下の年齢の人たちとの違いである。世代論は、ポイントを明確にしないと不毛なものになりがちである。身体知や身体感覚に焦点を絞って言えば、現在の七〇代以上の人たちがもっているもので、その後の世代が継承していないものはとりわけ多い。

六〇年安保のときに学生だった世代は現在六〇歳前後であり、七〇年安保のときの大学生もまた五〇歳を過ぎている。昔であれば、五〇歳・六〇歳といえば立派な老人の領域であるが、現在の五、六〇代にはそうした雰囲気はほとんどない。それはもちろん平均寿命全体が伸びて世代が引き伸ばされたことにもよるが、カウンターカルチャー（対抗文化）の影響も大きい。ビートルズやフォークソングで育ち、ジーンズをはき、それまでの既成の権威に対して対抗的なポジションをとることがアイデンティティとなっていた世代が五〇歳を超えているのである。その中には戦後の民主主義の理念をからだに強くしみこませた人たちも多い。

一九六〇年代のアメリカで隆盛をみたカウンターカルチャーは、日本にも大きな影響をあたえた。ロックやセックスやドラッグといった六〇年代のカウンターカルチャーを象徴するものは、欲望を解放し、より大きな自由を得るという方向性をもっていた。大人がつくった社会の抑圧や管理から自分の肉体を解放していくというのが、カウンターカルチャーの軸であった。文字通りそれは、すでにある権威に対してカウンター（対抗）としての性格をもつものであった。

この解放運動は、大人の世代に対抗する子どもや青年の世代というわかりやすい図式をもっていた。欲望をコントロールし秩序を重んじ現状を維持しようとする大人と、それに対抗して自由を勝ちとっていく青年の結束とは、セットになって一つのドラマをつくりあげていた。

しかも日本の場合は、戦後の復興から高度経済成長という右肩上がりの社会背景がこうしたカウンターカルチャーの流れに活力を加えていた。その当時の青年のからだは、個人に閉じられたものではなく、連帯する開放性をもっていた。平和運動や人権問題などパブリックな領域への関心も高かった。

しかし、そうした世代が親の世代となったときにドラマの図式は崩れた。親が親らしくなくなったのである。大人に対抗する若者という役割を担ってきた世代が親となったときに、親や大人としての伝統的なあり方を役割として担う構えに入りにくかったのかもしれない。ここで、生きていくうえでの基本をしっかりと躾《しつけ》るという親の役割が軽視された。身体文化も、伝統の継承が行われなくなった。

日本の伝統的な身体文化を一言でいうならば、〈腰肚《こしはら》文化〉ということになるのではないかと私は考える。現在の八〇代九〇代の人たちと話していると、腰や肚を使った表現が数多く出てくる。「腰を据える」「肚を決める」などは基本語彙である。「昔は肚のできている人が仕事を任せられる人だった」という言葉も九〇代の男性から聞いた。ここで言われている腰や肚は、精神的なこともふくんではいるが、その基盤には腰や肚の身体感覚が実際にある。「腰を据える」や「肚を決める」は、人間ならば生まれつき誰でももっているという感覚ではなく、文化によって身につけられる身体感覚である。腰と肚の身体感覚が、数ある身体感覚の中でもとりわけ強調されることによって、からだの〈中心感覚〉が明確にされるのである。

〈中心(芯)感覚〉の喪失

「現在の日本で、カラダに何が起こっているか」という問いに一言で答えるならば、〈中心感覚〉

が失われているということになるのではないだろうか。自分の中にしっかりとした中心を感じることのできる人の割合は、かつてよりも相当減っている。この感覚は、「芯が通っている」「芯が強い」という表現のニュアンスを活かすならば、〈芯《しん》感覚〉と呼ぶこともできよう。

腰や肚を強調していた時代には、身体の中心感覚を常に意識することをもとめられていた。子どものころから腰が入っていなければ馬鹿にされるという慣習があり、しっかりした中心感覚をつくりあげることが明確な課題となっていた。「腰ぬけ」「へっぴり腰」「腰くだけ」「および腰」「逃げ腰」「弱腰」「肚がない」「肚が決まらない」「腑《ふ》抜け」などは、身体に中心感覚あるいは中心軸の感覚ができていないことに関する厳しい批判の言葉である。こうした表現は、日常的に頻繁に用いられ、中心感覚を鍛える役割を果たしていた。

腰や肚ができているかどうかは、たんに身体の中心感覚だけではなく、心の揺るがなさをも含んでいる。当時の人びとにとっては、心とからだは切り離すことのできないものであった。へっぴり腰でありながらも、揺るがないしっかりとした心をもっているというようには考えられなかった。現実には、身心はそのように単純に重ね合わせて考えることはできないものかもしれないが、あえてそのように重ね合わせることによって身心の教育、文化の伝承が同時になされる効率のよさがあった。

腰と肚が決まっていれば背骨はその上に正しく据えられることになり、背筋《せすじ》は自然と伸びる。腰の構えが崩れているときに無理に背骨を垂直にしようとしても湾曲してしまう。背骨が中心軸の感覚の基本であるとすれば、中心軸の感覚は腰の構えのつくり方に大きくかかっている。

身体感覚の技化

「明治の人は一本筋が通っていた」ということがしばしば言われる。これは、精神的な意味では善悪の基準がはっきりとしていたということや強い意志の力を意味すると同時に、からだの側面で言えば「腰を立てる」ことができていたことを意味する。「腰を立てる」感覚は現在あまり強調されることがないが、後で幕末・明治期の写真を見るところでわかるように、当時は基本的な技《わざ》であった。

ここで重要なのは、「身体感覚の技化《わざか》」ということである。身体感覚は、通常は何かの刺激に対して反応する一回性のものだと考えられがちである。しかし、身体感覚も文化的なものであり、習慣によって形成されるものである。腰や肚に関する感覚はその典型であり、生活の中で何度も訓練され、身につけられた一つの技である。

腰や肚の身体感覚は、からだを秩序化するものであり、緊張感を要求する。シャンとした雰囲気や、ピシッとした雰囲気が心身の状態感として要求される。それだけに、はじめは特に楽な感覚ではない。おいしいものを食べたときの感覚や好きな音楽を聴いているときの快感などは、とりたてて訓練しなくともよい性質のものであるが、腰や肚の身体感覚は訓練されなければなかなか身につけられないものである。ただし技一般がそうであるように、身につけるのには修練が必要であるが、一度身につければ、むしろ効率がよく楽になるという性質が腰や肚の身体感覚の技化にもある。

身体感覚は、気持ちよさを感じる方向へ身体を解放するという文脈で語られることが多い。この文脈では、身体感覚は訓練されたり技にされるものではない。しかし、「身体感覚を技化する」という考え方をすることによって、一回一回の身体感覚に流れていくのではない方向性が見えてくる。身体感覚が技となって身につくことで、よりたしかな充実感が得られる可能性が生まれるのである。

身体論の流行

近年の身体論の多くは、近代的な身体のあり方を批判する主旨のものである。「暴力的な身体から従順な身体へ」という方向性が、モダンな社会におけるからだの変化の主流だとされている。ノルベルト・エリアスは『文明化の過程』（吉田・中村他訳、法政大学出版局）において、食事のマナー（作法）の発達を題材に、文明化された人間の行動様式を明らかにした。文明化の基本は、食欲や性欲や暴力衝動や各種の情動を、自ら抑制しコントロールするメカニズムを習慣として身につけるということである。非常に細かく行動に関する規則をつくり、相互に行動を監視し合うことを通じて、個人は絶えず自分自身を監視し自己規制をくわえていくようになる。社会がより生産的な機能をもつためには、一人一人がシステムに合わせた行動をするように自己規制することがもとめられる。

日本の思想界に大きな影響をあたえたミシェル・フーコーもまた、監視や規律訓練（ディシプリン）を通じて自分自身を従順で生産的な身体へとつくりかえさせるモダンなシステムを批判している。近代の社会や国家が個人の身体のどれだけ細かなところにまで規制をおよぼしているのか。これを明らかにすることが近年の身体論の主なテーマとなっていた。

こうした理論的な作業と並行して、実際にからだを動かしながら自分のからだの解放につながる気づきを行っていこうという場がさまざまに生まれてきた。ワークショップと呼ばれる場は、その代表的なものである。

ワークショップは作業場という意味だが、あるテーマを少人数で集中的に研究する集まりや場のことも意味している。現実の社会を変えることは容易ではない。しかし実験室的な場を設けて、その場でのゲームやレッスンや討議を通じて自分自身の可能性に目覚めていくことはできる。自己啓発セミナーの手法としても利用されたこのワークショップという方法は、六〇年代後半から七〇年代にかけてアメリカの特に西海岸において隆盛した。トッド・ギトリンは『60年代アメリカ』（疋田三良・向井俊二訳、彩流社）の中で次のように言っている。

古い活動家は六〇年代後半に「人間の可能性を求める運動」と呼ばれるようになった方面に続々と引きつけられていった。出会い集団やら、心理療法、神秘的修養法等々さまざまなものが約束したものは、真の自己発見、「現在に生きる」「流れとともに生きる」「自分の禁を解く」「義務感からの解放」「真の感情に触れる」「肉体に触れる」道であった。つまりは義務の重荷に呻吟《しんぎん》する者への救済の約束、神や完全な共同体の希望を喪失した者たちに与えられる親密な触れあい実現の約束、内面からの要求でがんじがらめの人々、倦《う》み疲れた人々に自己表現の道を拓《ひら》く約束であった。組織の時代の超絶主義ともいうべき職業化した対抗文化として、この種のさまざまな療法、精神、肉体鍛錬法は、七〇年代はじめにカリフォルニア州ビッグ・サー海岸のエセーレン・インスティチュートから広がり、治療と精神鍛錬技術を教える「ワークショップ」という名の運動を展開して、事実上超絶産業と呼べる規模を誇るに至った。
教えられる技術には対決的「出会い」、ゲシュタルト療法、生体エネルギー療法、瞑想《めいそう》、マッサージ、呼吸法等。それに、これも忘れてはならない気軽なレクリエーション・セックスというのもあった。(p.596-597)

ヨーガや禅はなぜ流行ったのか

ヨーガや禅などの東洋的な思想や身体技法は、この時期のカリフォルニアからの逆輸入の形で七〇年代の日本にも流入した。こうした流れが、沖正弘《おきまさひろ》のヨーガや野口晴哉《のぐちはるちか》の野口整体、野口三千三《のぐちみちぞう》の野口体操、竹内敏晴《たけうちとしはる》の演劇レッスン、中国の気功法などと連動して、日本では身体を使ったワークショップが現代社会に疑問をもつ人びとの間で広まった。

こうした運動の根底にあった問題意識は、自然と切り離されて生命力を失い、孤立し、硬く閉じられ、他者とコミュニケーションしにくくなってしまっている身心をどう開いていくのかというものであった。しかしこうした身体の解放運動の流れは、大戦以前まで生活の中に根づいていた腰肚《こしはら》文化の再評価・再生に向かうことはなかった。

これに関しては、戦争および敗戦のダメージが大きく関わっている。野口三千三や竹内敏晴は、個人としては腰肚文化を色濃く身にしみこませている世代であるが、自らのからだを問い直す出発点が敗戦という経験であったために、彼らのからだの理論と実践に腰肚文化が組みこまれることは基本的になかった。

思想的にも、左翼右翼ともに腰肚文化を冷静に見直す余裕はなかった。経済をはじめとした社会情勢も生活水準を上げるのに必死で、七〇年代前半までは、大戦以前にあった遺産を整理して継承するという余裕をもちにくかった。

腰肚文化をどう再生するのか

腰肚文化を見直す機会があったとすれば、オイル・ショックを境として低成長時代に入ったときであった。物質的な豊かさを優先して突進してきたあり方を問い直す機運が、この当時生まれた。公害をはじめとする環境問題や個人の孤立化の問題、競争主義的な教育のあり方の問題など、急速な社会構造の変化を見直すのにふさわしい時期が、七〇年代の後半であった。この時期に「からだ」という言葉もキーワードとなった。

しかし七〇年代の真摯《しんし》な問いかけは、八〇年代のバブル経済によって押し流され、九〇年代はその後始末に追われてしまった。

腰肚文化の再評価は、冷静に行わなければ、たんなる復古主義に見られてしまう性質の問題である。それだけに、戦後ある程度の冷却期間が必要とされたことは致し方のないことであった。しかしそれにしても、八〇年代と九〇年代はそうした冷静な再評価をする条件が整っていた時期にも関わらず、あまりにも無策であったことは悔やまれる。

身体文化を継承するのに、半世紀にわたる断絶は長すぎるものであった。極端な言い方かもしれないが、腰肚文化を生活の中で技化している現在の七〇代・八〇代以上の人たちの身体感覚を、間の世代を飛ばしてでも今の小学生に伝承していく方策が練られるべきではないだろうか。

自然の中での直接的な経験が減少し、仮想現実が現実と混同されやすい状況が進む中で、自己の〈中心感覚〉を身体感覚として感じられることは重要な基本技である。中心感覚があることで余裕が生まれ、〈距離感覚〉をもって他者と触れ合うこともできる。カプセルの中にひきこもり、身の保全をはかる必要はそのぶん少なくなる。

〈中心感覚〉と〈距離感覚〉がともに不安視される現在、腰や肚を中心とした伝統的な身体感覚が完全にリアリティを失ってしまう前に伝承の回路をつくっておくということは、それほど奇異な発想ではないであろう。

第一章　腰肚文化と自然体——立つ・歩く・坐る——

立つ・歩く・坐る。こうしたことは、日常的な行為である。しかし、きちんとした姿勢で長時間坐ったり、あるいは立ち続けたりすることは、それほど容易なことではない。正坐の姿勢で長時間坐り続けることができるのは、習慣の賜物《たまもの》であり、一つの技《わざ》である。また、しっかりとした姿勢で長時間立つということも、日々の生活の中で鍛えて身につけなければできない技である。ソクラテスは、日差しが強い屋外で何時間も立ったまま思索し続けることができたと言われている。

この章では、立つ・歩く・坐るという基本動作における伝統的な技と身体感覚を見直してみたい。文章をよりよくイメージするため、写真をいくつかのせている。参照しつつ、読み進んでいただきたい。

1 自然体で立つ技

自然体は技である

立つことが技であるのは、「自然体」と呼ばれる立ち方において端的に示される。自然体の場合は、しっかりと地に足がついており、その大地との繋りの感覚が腰と肚につながっている。上半身の無駄な力は抜けていて、状況の瞬時の変化に対して柔軟に対応できる構えになっている。武道・芸道においては、その人の立ち方を見ただけで力量をある程度推し量ることができるとも言われている。立つこと自体が一つの技であることは、伝統的な身体文化の文脈においてはむしろ常識に属

本宮ひろ志『姿三四郎　第2集』(講談社、原作は富田常雄) より。柔術の師をもとめる矢崎公平と壇義磨が矢野正五郎(モデルは嘉納治五郎) を訪ね、稽古をつけてもらう場面。矢野の小柄な体を見て力をみくびっていた壇は、立ち合いの自然体の構えを目の当たりにした瞬間、相手の技量の高さを感じとり、負けを悟る。構えだけからでも相手の技量の高さを測ることのできる眼力は、身体文化の高さを示す。矢野の自然体の静けさは、高速で回転しているコマの静けさである。

する事柄であった。

足の裏を長年研究している平沢弥一郎は、『足の裏は語る』（ちくま文庫）の中で現代人の立ち構えについてこう述べている。

最近、直立能力の測定結果から見るに、現代人の立ち構えが、怪しくなってきたようである。つまり、人類の滅亡の危機の兆しが、見え初めて来たということである。ことはきわめて重大である。それは、現代人が立った時、足の裏に落下する重心のその位置が、だんだん踵《かかと》寄りに移行し始めて来たのである。これは、現代人の立ち構えが、いわゆる「ふんぞり返り」の傾向にあることを示す。いうまでもなく、すべての動作の基本は、直立能力である。もしこの「ふんぞり返り」の現象が、直立能力の衰退に繋がるとすれば、ことはますます重大である。

(p.95–96)

子どもの足に何が起きているのか

子どもたちの足に土踏まずができにくくなり、扁平足《へんぺいそく》が増えているという報告は以前からなされており、その対策として、「はだし教育」や「歩け歩け運動」などが実践されている。

「地に足がついていない」や「浮き足立っている」といった表現がある。これは現代日本の状況を象徴的に表現している言葉のように思われる。こうした表現を精神面での比喩として使うことのできる大本に、地面に対する足の身体感覚がある。現実の身体の問題としても浮き足立つ傾向が見られ、ある幼稚園で園児の足の裏を調べたところ、立った状態でも足の指が全部は地についていない子どもがかなり多くいたということである。武道では、足の指一本一本を広げてしっかりと地面や床を摑《つか》むという指導がなされることがあるが、それとは対照的に、実際に足が浮いてしまっているのである。その幼稚園では改善のために草履《ぞうり》履きを実践しているという。草履の場合は、足の指先一本一本で地面を摑まえる感覚が育ちやすいからである。

自然体という言葉は、あまり無理をしない自然な身心の構えという意味でよく用いられる。無理に力まず、状況に対して柔軟に対応でき、自分のもっている力をうまく発揮できるのが自然体であるとすると、自然体という構えを技にするのは意外に難しい。自然体とは、誰もが意識しなくても自然に身につけることができる姿勢ではない。地に足がついて、力強く、なおかつ肩の力が抜けて素早く動くことのできる構えは、武道の理想でもあり、厳しい鍛錬の末に得られるものだとされている。

どうやって立つのか

自然体の立ち方の基本はおよそ次のようである。

足を肩幅に開いて膝を軽く曲げ、両脚にほぼ均等に体重をかけて腰と肚はしっかりとさせておき、背筋はすっと伸びて肩の力は抜けた状態である。自然体は、安定した立ち方であり、少々押されて

写真は、終戦まもない1946年、上野駅で「自転車のリムを回して物乞いする戦災孤児」を林忠彦が写したもの。戦災孤児が体を張った芸で物乞いをするという状況にも関わらず、不思議な明るさのある写真。生き抜いていこうとする精神の強さが全身に漲っている。足も胴体も首も太く、顎の辺りもしっかりとしている。裸足で地面をしっかりと踏まえて立っている。長い帯が何重にもぎゅっと巻かれ、腰と下腹にぐっと力が入れやすい締め方になっている。腰のほうは幅を広くして安定させ、前のほうは臍下丹田の辺りで絞りこむという締め方は、何気なく自然に行われたのであろうが、腰肚文化の伝統を感じさせる。子どもの帯の位置は一般にはもっと高めであることを考え合わせると、この帯の締め方には自立の気構えが感じとられる。伝統的な身体文化が戦後すぐに消え去ってしまったのではないことを感じさせる写真である（『日本の写真家25　林忠彦』岩波書店より）。

足の膝を伸ばしきった立ち方は、何かに寄りかかって立っている立ち方であり、支えを急にはずされるとよろけてしまう立ち方である。あるいは片方の足の膝を伸ばしきって一本のつっかい棒のようにし、それに寄りかかる立ち方も、自然体とは対照的である。

この立ち方は、机に鉛筆を立てたように、不意に押されると倒れやすい。この場合は重心が踵《かかと》側にある。この状態だと、踏ん張りが効かず、またすぐに動くのが難しい。自然体の場合は、足の親指の付け根のところの盛り上がった部分に体重が乗っている。ここは踏ん張るときに力が入りやすい部分である。しかも膝が軽く曲げられて余裕をもっているので、圧力が外からかかったときに吸収しやすい。「膝に余裕をもたせる」という表現は、この意味で象徴的である。

自然体という感覚を身につけるためには、電車の中でよろけない練習をするのが効果的な方法である。何にも摑まらずに前後左右上下の振動に対してよろけないようにするためには、両脚の親指の付け根に力が均等に入り、膝に余裕のある姿勢がもとめられる。バランスを意識的に練習するうちに、腰が決まり、下腹部に重心が落ち、肩の力が抜けてくる。

満員電車で急ブレーキがかかると将棋倒しのようになることがよくある。この大きな原因は、進行方向に向かっているときに身体にかかる力に対してだけ対応している点にある。その力にいわば寄りかかって立っているので、別方向の力が働いたときによろけてしまうのである。あるいは満員電車の場合、はじめから自分の足で立たずに他の人にからだを任せている人も中にはいる。自分の足で立って踏ん張る構えがそもそもなければ、将棋倒しを引き起こすのは当然である。

かつて日本人はどう立っていたのか

戦前に日本で生活したドイツ人の哲学者デュルクハイム（一九三七年から四七年までの一〇年間日本に滞在）は『肚――人間の重心』（落合・奥野・石村訳、広池学園出版部）という著書の中で、日本人の立ち方と西洋人の立ち方を比較して次のように述べている。当時の日本人の立ち方の描写は、現在の日本人の多くの立ち方とはまったく異なっている。

私は大勢の人が集まったパーティのことを覚えている。招かれた客は、ヨーロッパ人も日本人も、食事がすんで、紅茶を手にしたり、たばこをくゆらしたりしながら、輪になっていた。そのとき、日ごろの私の関心事を知っている一人の日本人が私のところへ来て、言った。「いいですか、ここに居合わすヨーロッパ人は、もし後ろから押されるとすぐ転ぶ姿勢をしています。日本人の中には、押してもバランスを崩す人はいないでしょう」と。この安定性はどうしたら生まれるのだろうか。重心は上に向かって移らずに、中心に、臍《へそ》のあたりに保たれている。すなわち、腹を引っ込めず自由にし、軽く張って押し出す。肩の部分は張らずに力を緩めるが、上体はしっかりとしておく。ゆえに、直立の姿勢は上に引っぱられた姿の結果ではなく、信頼すべき基盤のうえに立ち、自分自身を垂直に保ち、枝分かれする前の幹の姿なのである。人が太っていようと痩《や》せていようと、関係はない。（p.12-13）

「隔世の感」とは、このことではないだろうか。まったく違う国の話をされているようである。「立つ」ということが明確な身体文化として社会に根づいている状況は、現在からは想像さえしにくいほどである。

一〇〇年もたたないうちに、立つというあまりにも基本的な身体文化の水準がこうまで急激に落ちたのは悲劇というほかない。腰肚を軸とした自然体ではない別の安定した立ち方を身につけたのであるならば、まだしも救いがあろうが、そういうわけでもない。身体文化が変化したというよりは、たんに衰退しただけなのである。

明治人の存在感

幕末から明治初期にかけての記録写真を見ると、デュルクハイムの記述したことが嘘《うそ》や誇張ではなかったことがよくわかる。一八八二年、友人たちと日本を旅行したフランス人青年ウーグ・クラフトの撮ったアマチュア写真をもとにつくられた『ボンジュール・ジャポン』（朝日新聞社）という写真集には、当時の日本人の見事な立ち姿が数多く収められている。この写真集に写っている車夫や漁師たちは、いわゆる教養はさほどないのかもしれないが、人間としての存在感がある。

しっかりと力強く地に足をつけて立っている姿は、身体文化の作品とも言えるものである。この写真集はフランスでも評判になったようであるが、それはたんに風俗の珍しさによるものではなく、

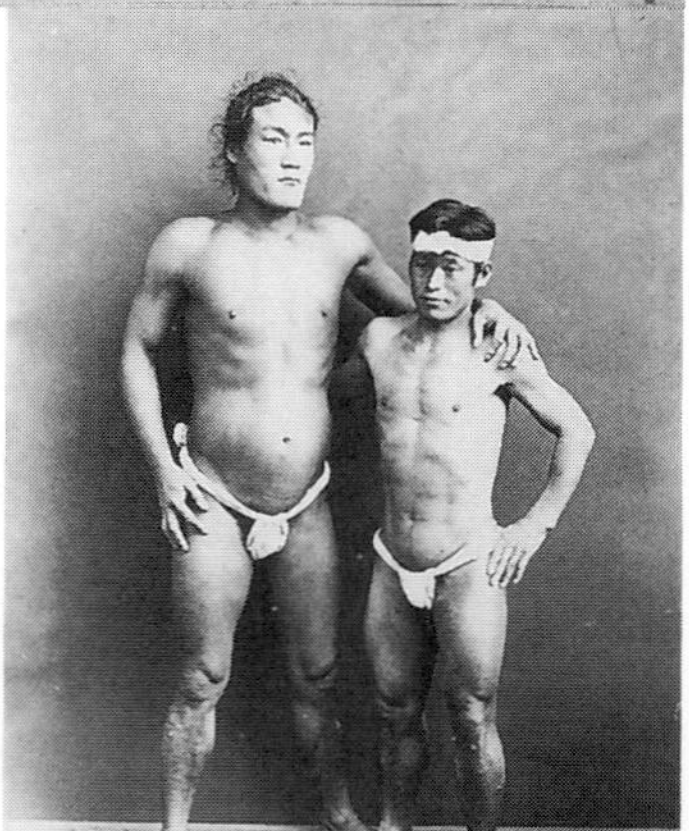

上は人力車を引く車夫を、下は力士と車夫をそれぞれ写したもの（『ボンジュール　ジャポン』より）。皆それぞれ見事な立ちっぷりである。下半身に充実感があり、大地をしっかりと踏み締める力強さが伝わってくる。少々押されたぐらいでは、ふらふらしない強さが感じられる。下の写真の力士（左）と車夫（右）は、からだの大小の違いはあっても、下腹を中心とした身体の充実した雰囲気は共通している。相撲取りが身につけている身体文化が特殊なものではなかったことがわかる。

人間のたしかな存在感がそこに感じられたことによるのではないだろうか。絵はがきになるような風俗写真とはまったく異なる、一人一人の人間を写す構えがこのアマチュア写真家の青年にはある。
当時の日本人の立ち姿は、肩の力が抜けており、胸を張ってはいないので、見方によっては堂々とした立ち方とは印象が異なる。デュルクハイムは、写真に写るときの日本人と西洋人の違いを次のように述べている。

ヨーロッパの人はとりわけ「こせこせしない」「無頓着な」ポーズを取るか、どちらかの足に重心をかけて、肩を上げて胸を張り、「立派な」ポーズを取るが、日本人はまったく別である。私たちの感覚からすると、しばしば「みすぼらしく」見える。ただ単に正面を向き、肩と腕をだらりとたらしているが、背筋を伸ばして、股を広げて立っている。日本人は、片方の足が軽く前に出されているおりにも、他方の足にだけ重心をかけることをしない。中心をもたずに立っている人は、日本人にとっては頼もしく見えないのである。なぜなら、そういう人は心の軸をもたないからである。(p.12)

幕末から明治初期にかけての日本人のからだにおいては、「技《わざ》としての自然体」が成り立っていたことが写真を通してわかる。日本で近代的な軍隊をつくろうとしたときに、「ひかがみ（膝の裏）を伸ばせ」という注意がやかましく言われたというのは有名な話である。軍隊の行進は、時によってばかげたほどに膝を硬直させて歩く。あるいは膝を高く掲げて歩く。かつての日本人は、農作業や山歩きが多いこともあり、膝は緩められて足は地からあまり離れないようにして歩いていた。軍隊式の、胸を張って腹を引き、膝を伸ばしきった「気をつけ」の姿勢は、技としての自然体とは対照的な姿勢である。

帯と腰肚の感覚

自然体の中心をなすのは腰と肚《はら》である。かつての日本人が腰と肚に対する身体の意識を強くもっていたことは、たとえば「帯」の存在によって知られる。相撲のまわしや帯は、腰肚文化の象徴である。腰骨と下腹部を巻いて締められた帯によって、腰と肚は意識しやすくなる。力をこめるときに息をぐっと溜めると、腰と下腹部に力が入る。

帯は腹が拡がる力に抵抗する。この帯の抵抗は、力を殺すものではなく、むしろ腹の力を引き出す働きをしている。帯があることによって下腹部が前に張られれば、腰骨のところが引き締められる。腹が張られるときには、腰が決まる意識が同時に生まれる。

帯は腰骨と腹を結びつけると同時に、からだの周囲に巻かれることによって、からだにいわば〈幹の感覚〉をあたえる。神社などで木に綱が巻かれ、聖なる樹木とされていることがよくある。横綱の土俵入りはまさに、樹木が地に生えている感を呈している。帯を下腹にぐっと締めることによって、からだが木の幹のようにしっかりしたものとして感じられやすい。自分のからだを木の幹のように感じるというのは、心地よい感覚である。「体幹」という言葉があるが、まさに幹としてのからだの感覚を育てるのが帯やまわしであった。

最近、私は二〇代の青年たちと同宿する機会があり、ひとつ驚いたことがある。それは、宿の浴衣を着たときに彼らが、帯をみずおちのあたりに巻いていたことである。みずおちとは、胸と腹の間の少しへこんだ部分のことであり、かつての日本でいえば、そのようなへそより上の位置の帯の締め方は、男子では子どもの締め方である。体格のいい青年が、子どもの帯位置で帯を締めていることに対して何の疑問も抱いていないのは、不思議な光景であった。

これは、たとえば着物のたたみ方を知っているかどうかなどということとは少々次元の異なる問題である。仕きたりや作法や生活上の細かな段どりは、時代によって移り変わるものである。それを知らない若者があらわれたとしても、別段驚くほどのことはない。しかし、帯を締める位置は、身体感覚に直接関わる問題である。腰と下腹を結ぶようにきゅっと締めたときの落ち着いた充実感は、みずおちあたりに巻いては得ることができない。帯の位置が上にずれたことは、腰肚の感覚が衰退したことを意味している。

しかも、子どもから大人に変わるときに帯の位置が下にさがるという風習が忘れられていることも、意外に重大な変化である。大人への境界線の越え方はさまざまにある。その中でも、子どもから大人への通過儀礼の中心として身体的な修業が課せられることは、かつては多くの社会で見られたことであった。近代化にともなって、身体的な鍛錬をともなう明確な通過儀礼は減少してきた。

帯の位置は、子どもから大人へのたんなる記号的な変化ではない。大人になればネクタイを締めるといった次元とは異なり、帯の位置には、大人としてもとめられる身心の感覚がこめられているのである。

子どもには人生を跳ねるように生きる特性がある。そうした弾む生のスタイルの時期には、帯をあまり下げないようにしておき、大人になるべきときが来たら帯を下げるというのは、優れた工夫である。子どもから大人への境界線は、かつての日本の男子の場合、へその上から下へ帯が移動することにあったとも言える。それだけに、いい年をした大人がみずおちあたりに帯を巻いて落ち着かなさを感じないというのが私には驚きであった。そのときは、見ている私のほうが落ち着かなさを感じてしまい、その場で直してもらったほどである。

明治初期の日本人を写した次ページの写真を見れば明らかであるが、帯と立つことの間には深い関係がある。帯の間に手を入れたり帯に手を添えたりしながら写っているケースが少なくない。写真に撮られるという若干不安な状況の中で、自分の中心を保とうとする工夫がこの手の位置である。

帯が生むこの〈中心感覚〉は、一人一人の個性の次元ではなく、社会的に共有されていた身体感覚である。かつては帯を締めたときに生まれる〈中心感覚〉が、当然の身体感覚として共有されていたことは重要である。この帯の身体感覚は、物事にいたずらに動揺せず、感情に流されない安定した身心のあり方を支えるものであった。このことは、帯の位置を変えてそれぞれの身体感覚を実感しようとすれば、誰でもある程度感じることのできるものである。

表情と全身から力強い明るさの感じられる若い車夫の写真（『ボンジュールジャポン』より）。他者に対して開かれた明るさと存在感が目に焼き付く印象的な写真である。下腹部の帯とはちまきによって身心が引き締められ、両手が腰肚を確認するポーズになっている。存在感の中心が、帯の結ばれた臍下丹田にあることをうかがわせる。

肛門とへその感覚

帯は、下腹部と腰骨の連結を意識しやすくすると同時に、肛門《こうもん》をきゅっと締める感覚をも支えている。相撲のまわしや褌《ふんどし》のように股《また》を通せばより明らかであるが、肛門をきゅっと締める感覚もまた、こうした腰肚文化の重要な感覚の一つである。野口整体の創始者である野口晴哉は、絶対にやりますとどんなに言い張る人がいても、その人の肛門にずぶずぶ指が入ってしまうようでは到底実行は覚つかないだろうと言っている。この認識は、野口晴哉のみならず、かつての日本においてはよく知られたものであった。

「臍下丹田《せいかたんでん》」の位置は、身体の感覚によって捉えられるものであり、解剖学的に場所を指し示すことのできる性質のものではない。ただし、およその位置を言うときに、へそと性器と肛門を結んだ三角形の真ん中であるという言い方がされることがある。臍下丹田の感覚にも、肛門の感覚が関与しているのである。

帯でからだをぎゅっと締める感覚や肛門をきゅっと締める感覚には、気を引き締める働きがある。はちまきを締めることも気を引き締める手段の一つであるが、頭を直接意識するよりは下腹を意識したほうが息が深くなり集中しやすくなることから、「締める」働きとしては帯のほうが本質的である。頭に締めるはちまきは、冷静な状況判断をともなうものというよりは、決行型のスタイルを想起させる。帯を締めることは、対照的に、感情的に行動しない落ち着きを支えるものである。はちまきが短期集中的な「がんばり」を象徴するものであるとすれば、帯は日常的・長期的な意識の緊張感の持続を支えるものである。

息の違いとして言えば、はちまきは息を詰めた身体感覚を導きやすい。臭いものやいやなものに、息を詰めて一気に向かっていったり切り抜けたりする構えをつくるのに適している。息を詰めて頑張るやり方は、それほど長くは持続しにくい。帯は、ゆったりとした深い呼吸をするのに適している。息を止めるにしても、出口を塞《ふさ》いで息を上のほうで詰める感覚ではなく、息を下のほうでぐっと溜める感覚である。

はちまきは、清さや正しさといったものに対しての直線的な志向を感じさせるが、帯は状況を味わう構えと結びついて「清濁併せ呑《の》む」肚の広さに繋がっている。無論これは、はちまきと帯の締める感覚の違いを象徴的に比較したものであり、実際には、たとえば肚の感覚をもった者がはちまきを締めれば長期的な集中も望めるであろう。

抵抗と自由の感覚

帯は、先に述べたように、「抵抗」となることによって力を引き出すものである。これは、「自由」ということを考える際にヒントとなる。「まったく制約や抵抗がない状態が最高の自由であり、もっとも人間の力が発揮される状態である」という自由観に対して、帯による肚の感覚は異議を唱える。

制約がないほど自由だという自由観は、一九六〇年代のアメリカに代表的にあらわれたカウンターカルチャーの思想である。あらゆる制約から逃れ欲望を解放するという主張は、時代状況の中で意義をもっていた。しかし、カウンターカルチャーの場合は、あくまでも従来の社会のあり方に「対抗する」性質のものであり、従来のものとのセットで考えなければその意義を見失ってしまうものである。

「自由は、適切な制約や抵抗があったほうがより充実するものである」という考え方のヒントが、帯にはある。

現在、総合的な学習の時間が学校教育にとりいれられつつあるが、これの源流の大正自由教育の中心人物である木下竹次は、抵抗の意義を帯と結びつけて考えている。自由教育というと、子どもに好きなようにやらせるというイメージが強いが、木下の考え方はそれとは異なる。

人は自由を欲するとともに束縛を欲する。自由を許されると自由に悲哀を感ずるものである。ことに学習者が自由学習をする時は非常にたよりなく感じて自ら進んで教師の意見で束縛されんことをねがうことがある。これは自由学習よりも容易な学習法をとろうとするのである。思うに自由と束縛とは相対的のもので絶対に束縛もなければ自由もないはずである。鳥も空気の抵抗がなくては飛ばれない。釘《くぎ》も木片の反対がなくてはきかない。学者は自説が黙殺されることを苦にする。政治家は善悪がないようになれば生命がなくなる。束縛は自由を激成し束縛打破は自由行動者の愉快とするところである。自由行動がその束縛そのものに感謝することのすくないのは遺憾である。これを要するに縛解一如《ばっかいいちによ》でなくてはならぬ。帯は身体を束縛する。しかし帯がなくては腹力がなくて活動自在にならぬことがある。縛即解・解即縛・学習もこの境涯に達しなくてはならぬ。（『学習原論』明治図書、p.66-67）

木下竹次のこの「縛解一如」という考え方は、現在の日本における自由概念の混乱に大きな示唆をあたえるものである。これはたんなる言葉の遊びではなく、帯による肚の感覚という、きわめて日常的現実的な身体経験に基づいた思想である。

この縛解一如の考え方からすれば、課題は「とりあえず制約や抵抗を取り除く」ことにではなく、「力を引き出すために的確な制約や抵抗を設定する」ことにある。「型」は、こうした意味での抵抗である。

帯は、力と抵抗の関係を実感するまさに身近な文化であったのである。成人男性のほとんどが、職業を問わず腰から下腹部にかけて帯を締めていた時代状況と比較すると、現在は力と抵抗の関係を日々実感する機会が激減していると言える。

技としての自然体

自然体は、なんとなく立っているのではなく、強靭《きょうじん》な足腰によって支えられている。自然体の立ち方ができるようになるためのステップとして、四股《しこ》立ちや蹲踞《そんきょ》が考えられる。四股立ちは相撲で四股を踏むときの立ち方である。足を拡げて腰を下ろした姿勢をとると、足腰がしっかりしていない場合はふらふらしてしまう。「腰が割れていない」のである。私の場合は、四股立ちをすると状態が前に傾いてしまう傾向があった。普通に立っているだけではわからない足腰の弱さが、四股立ちをして四股を踏むと顕著にあらわれるのである。

横綱の土俵入りのときの四股踏みでは、振り下ろすほうの足に観客は気をとられがちであるが、そのとき主に鍛えられているのは支えている側の足腰である。四股は、素早く上下させるよりもゆっくり行うほうが支えている足に負担が大きくなり、トレーニング効果が上がる。自然体を形だけまねることはそれほど難しいことではないかもしれない。しかし、足腰が弱いままで自然体のようなポーズをつくってみても、それは技としての自然体にはなっていない。

四股を踏んでみると、否応なく足で地を摑む感覚が必要となり、また足の裏から腰までの力の張りを感じることになる。四股を踏み終わったあとにもう一度自然体の形をつくってみると、下半身の充実感が如実に感じられる。足腰の強靭さは自然体に不可欠のものであるが、自然体を見ていただけではなかなかわかりにくいものである。四股立ちや四股踏みは、自然体に隠されている足腰の強さを課題としてはっきりと自覚するのにはよい方法である。

蹲踞の姿勢も、同様の意味で効果がある。蹲踞は、相撲取りが土俵に入った最初と最後に礼をとるときの姿勢である。現在は蹲踞という言葉の意味さえが子どもたちにはあまり知られていない状況であり、蹲踞のできない子どもも多い。蹲踞のよさは、足の指の付け根の盛り上がった部分の感覚が、拡大されて意識されやすい点にある。踏ん張るときに最も重要な足の裏の場所だけで立つことで、踏ん張りに必要な感覚を身につけやすくなる。またこれも四股立ちと同じように、足腰が弱い場合にははっきりとぐらついてしまうので、当人にも他の人にも課題が見えやすいという利点をもっている。

自然体の感覚の中でも、足の指と足の指の付け根の感覚は重要である。蹲踞の場合は、その部分に直接腰が乗るような形になるので、足裏から腰へと繋がるからだの感覚を意識しやすい。前後左右に上体がぐらついている状態から、振り子が止まるように真っ直ぐな状態に落ち着いたときに、ふっと気持ちの落ち着きも訪れる。しっかりした下半身の土台に上半身はすっと乗っているだけのような、すっきりした安定感が身体感覚＝気持ちとして実感しやすいのが蹲踞のよさである。

「自然体という感覚」が、単純な意味での自然ではなく、鍛錬の要素をふくんだ身体文化であることを認識するためには、自然体において重要な感覚が拡大される四股や蹲踞は基本メニューだといえる。「自然体で立つ」ことは、生活慣習によって培われた身体文化であり、技だったのである。

2　歩くという技

長距離を歩く文化

二〇世紀において衰退した身体文化として忘れてはならないのは、長距離歩行である。現代の日本人も当然生活の中で歩くが、明治・大正期の日本人と比べると、歩く絶対量が格段に少なくなっている。私の身の回りでもっともよく歩くのは、明治生まれの祖母であった。一時間程度歩くことは日常であり、バスを使えばすむところを必ず歩いた。車で送ろうかと聞いても、歩くほうが気持ちいいからと断わって、かなり速いテンポでずんずん歩いていた。

鉄道網や自動車が発達する以前は、小学生が何キロも歩いて学校に通うことは珍しいことではなかった。子どもたちが歩いて遊びに行く範囲もまた非常に広かった。ある調査によれば、現在高齢者の人たちが子どものころに遊んだ範囲を調べてみたところ、現在の子どもたちと比較して、格段に遠いところにまで歩いて遊びに行っていることがわかったという。数キロも離れた池に遊びに行き、歩いて帰ってくることは日常的なことであった。

長い距離を一定のリズムで歩き続けるという行為は、精神を健康に保つのによいといわれている。「哲学の道」と呼ばれる道があるように、歩くことが、思考にリズムや弾みをあたえる。歩きながら考えることは、坐ったままで考えるときとは違った質のものになりうる。思考の内容は、からだの姿勢やからだの動きの質によって微妙に変わってくるものである。

　行き詰まったときに、表に出て新鮮な空気を吸い、外の刺激に適度にさらされながら歩くことによって行き詰まりを打開するアイディアが生まれることはよくある。とりわけ悩み事を整理するときには、散歩に出るのは効果的な方法である。長い距離を歩くことがからだに身についた技となっている場合には、そのぶんだけ精神的なプレッシャーを受け止める器が大きいということになる。

　歩くことと考えることとの深い関係は、一人で歩くとき以上に、二人で語りながら歩くときによりはっきりとあらわれる。私は一〇代から二〇代にかけて、しばしば友と語りながらあてどもなく歩いた。未来を語り合うには、ともに前を見て歩きながら語り合うという運動性がぴったりであった。「ともに前へ歩み続ける」という生きる構えが、からだの動きと重ね合わされていたからである。

　歩きながら語るよさは、会話に一定のテンポが生まれやすいこととともに、沈黙を味わいやすいということにある。坐って向き合って話しているときには、五秒間ほどの沈黙でも耐え難く感じられ、とりあえず間をつなぐためにさしたる意味もない言葉を発してしまいがちである。しかし歩きながら語っている場合には、三〇秒や一分程度の沈黙はほとんど気にならないものである。それまでの語りを味わう時間として、沈黙は心地よいものと感じられる。黙って地を踏みしめながら歩くことは、考えが「腑《ふ》に落ちる」のを助けるのである。長い距離をともに歩いたからといって必ずしも画期的なアイディアが生まれるわけではないが、歩いているうちに落ち着くべきところが見えてくることも多かった。

どうして歩くのか

かつて遠足は、文字通り足で遠くまで歩くことであった。現在の小学校の遠足はバス旅行が多く、歩くとしてもほんの数キロの場合がほとんどである。その程度の距離でも、ときどき休まなければならないのが普通である。長い距離を粘り強く歩くことが子どもの身心の発育にとって効果的であるという考えから、歩くことを子どもに普及させようとする運動がある。「日本ウォーキング協会」はそういった問題意識をもっている団体であるが、実際には中高年の割合が高い。これは、健康に対する問題意識の高さによるものであろう。子どもの場合には、長く歩く経験が物事に対する粘り強さを育てる面がもっと見直されてよいと考える。歩くことは運動能力以上に、粘り強い意志の力と深く関係しているからである。

先にとりあげた大正自由教育の代表者である木下竹次は、長い距離を歩くことを教育の重要な柱の一つに据えていた。大正時代を中心に、鹿児島や奈良の高等師範付属小学校訓導として年一回、一七里（六八キロ）の「寒中歩行訓練」を行事として行っていた。木下は合理的思考の持ち主であり、この歩行も本番前に徐々に距離を伸ばす練習をし、途中リタイヤも可能なように段どりがなされていた。木下は歩行訓練の意義について次のように述べている。

姿勢の修練法はこのほかにもたくさんある。その中で誰人もおこないやすくてなんらの弊害もでない歩行術の修練法を一つ述べてみよう。歩行術の方法は種々あるがこれが丹田の修練法と考えて工夫すれば間違いはない。私の歩行術は両脚を左右または前後にできるだけ広げると丹田養成に役立つところから出発している。これに調息法を加えている。歩行の出発にはまず目的を定めて牢固たる決心でスタートを切る。体の丈をなるべくひくく、歩幅をなるべく広く、両脚の交互前進をなるべく速く、後脚で十分に地を蹴ってなるべく早く体重を前脚に托するようにして根限り前進歩行を継続する。このさい雑念が起こるからただそのままにしておいて歩行に全勢力を傾注する。毎日努力して練習を継続し歩々に速度を速めて六十分間に六十町以上歩行するまで修練する。練習の結果最初の三倍ぐらいに達すれば大成功である。路は山坂があるのがよろしい。登山、砂地歩行がもっとも有効である。急歩練習の次には徐歩または駈足の練習をおこなう。歩行練習は距離の大小よりも雑念がなくなって歩行に専念し、歩行になりきれるかどうかによって成否を判断する。歩行の方法はたいてい一週間ぐらいでわかるが修練は無限である。歩行練習はたくさんの教訓を体験することができるのでおもしろい。最初の決心が仕事全体に影響すること、継続練習の必要なことのごとき苦もなく体験ができる。またたびたびの行詰りを解決するのに創作を要することもわかるが、歩行距離が、一定度に達すると一尺の距離を伸ばすのも困難である。ややもすると距離が縮小する。ここに前述の緊張弛緩《しかん》法を修練すると一段の進歩があるようなことがわかる。（『学習原論』、p.191）

木下の教え子たちが思い出を綴《つづ》った文集には、この歩行訓練のことが何よりも多く出てくる。これが印象的な行事であったことにもよるが、それ以上に、その後の人生に影響があったことを各人が認識しているためである。たとえば、ある教え子が次のように書いている。

先生は歩くことの鍛錬を教育のなかへとりいれた。毎年、寒に入ると「ウォーキングレース」をやった。小学一年生から実科高女の補習科生まで、毎朝、一せいに校門をでて、三笠山のふもと、一重~三重の三段階のコースにわけて、能力に応じた歩き方の訓練を九日間つづけた。そして、十日目には南大和一巡(全長五十キロ)を、歩いて競争させた。そこで、歩く基本の姿勢がきたえられた。校舎内の要所、要所の黒板に「歩くときも、腰かけているときも、すわっているときも……腰をのばせ」とかいてあった。姿勢をととのえることに重きをおいた教育、それが自由主義教育の基本であったように思う。「人間、一生、歩く。正しく歩くか否かは、一生を支配する」といわれた。禅のなかに、先生の生活や教育の思想をみつけたように思うのも、この歩く鍛錬とむすびついているようである。わたしはもう六十五歳をすぎた。いまの東京周辺での生活で、よく外人とまちがわれる。先年、ヨーロッパ九カ国を飛び歩きの旅をした。世界人として、堂々と歩くことができ、それを認められたとき、木下先生を思いだした。姿勢や歩き方が、単に体形の問題でないことはいうまでもないことである。(木下亀城・小原國芳編『新教育の探求者　木下竹次』玉川大学出版部、p.235)

「腰を伸ばす」は木下の口癖であった。木下は臍下丹田を重視したが、この歩行訓練はその一環でもあった。木下は、生涯学び続ける粘り強さを鍛えるための重要なカリキュラムとして歩行訓練を位置づけていた。大正自由教育の中心人物が歩行訓練を重要な柱としていた事実は、今後、自由教育的な側面が強くなると予測される日本の教育にとって示唆的である。子どもが自ら学習する構えをつくりあげていく上で、歩くことを重要な土台とした木下の身体文化に関する見識の高さは注目されてよい。明治初期の生まれである木下には伝統的な身体文化が色濃く残っていたが、さらには、自らヨーガや呼吸法や歩行術を自分の身体を実験台にして鍛錬したことが、こうした実践に繋がっている。いずれにせよ、歩くという基本運動を人間形成の重要なカリキュラムとすることができた背景として、かつての身体文化に対する見識の高さがうかがわれる。

歩くことがつくる聴く構えと学ぶ構え

福井県出身の木下は同郷の橋本左内《さない》を敬愛していたが、いわゆる幕末の志士と呼ばれる人びとは驚異的な距離を歩いた。優れた人物に出会い、学ぶためには、長距離を歩く力が必要であった。坂本龍馬が脱藩して江戸に出てくるときでも、土佐から四国の山を越え、京を通って江戸まで歩いてきているのである。その膨大な距離と時間は、志を練るのに大きく役立ったと思われる。

幕末当時、高名な学者は諸藩に散在しており、学ぶ意欲のある者は歩いて諸国をめぐった。吉田松陰《しょういん》はその典型的な人物である。学問を修めるために、長州からまずは長崎、熊本といった九州へ遊歴を行い、その後江戸に出て、奥羽まで足を伸ばしている。その具体的イメージを喚起するために司馬遼太郎『世に棲む日日（一）』（文春文庫）の描写を引きたい。

どのような旅をしたか。

むろん暗いうちに提灯をかかげて城下を発った。械ヶ坂《かせがざか》というところで夜明けをむかえ、そのあとほとんど休みなく歩き、途中かぞえきれぬほどの峠をこえて夕刻、四郎河原という第一日目の宿泊予定地にたどりついたというから、四十八キロ（十二里）歩いている。はじめての旅できおい立っていたからでもあるが、この当時、東海道を旅する者は一日七里（二十八キロ）というのが常識だったから、ほとんど無茶といっていいはげしさである。

が、はげしく歩くことが、道中経済のひとつであった。貧者ほどそのようにして歩いた。全行程において一晩でも二晩でも宿泊費をきりつめねばならなかった。

途中、立小便をする。その時間は二百歩の損がある。松陰はいつもその損をとりもどすため、そのあとほとんど駈けた。しかし、走りはしなかった。武士というものは走るものではないとしつけられている。(p.42)

何日も歩き続けるうちに、聴く構え学ぶ構えが自ずと深まる。断食のあとは、かすかな甘みでさえもからだにしみわたっていくのが感じられるというが、歩くことは学びの味を深くする。当時の学者は旅の書生に対して親切であり、酒を酌み交わしながら語り合い、貴重な本を見せ、その青年の成長にとって重要だと思われる人物への紹介状を書いて渡す。青年は一日二日のうちに本を読んで頭に入れ、あるいは写し、紹介状を頼りに次の人物へと向かう。

歩くことを基本にしたこうした学びのスタイルは、情報摂取という点からいえば効率がよくないように見える。しかし、こうした出会いは、人生において祝祭的な時間である。自分の利益になる情報を自分の部屋に居ながら効率よく摂取するというだけの了見では、捉えることのできない濃密な時間がこうした出会いにはある。また情報という観点から見たとしても、人物の表情や口調、あるいはからだから発せられる人格的な雰囲気やしぐさ、あるいはその場の状況での振る舞い方などは、莫大な情報をふくんでいる。

からだとからだの間でやりとりされている情報量は莫大である。その上、実際に会って話をすれば内容も変わってくる。自分のからだに刻まれた人物の印象は、自分の中に住みこんでその後の学びを活気づける。電子メールを通じての情報交換は効率的であり、今後も増えていくであろうが、自分の足を使って会いに行くことの重要さはいよいよ増してくるのではないだろうか。

歩く民の物語

歩くことと学ぶことの深い関係を象徴的に記述したものとして、ポーラ・アンダーウッドの『一万年の旅路』(星川淳訳、翔泳社)がある。この本は、ネイティヴ・アメリカンのイロコイ族に伝わる口承史であり、一万年以上前、一族がアジアの地を旅立ち、ベーリング海峡(当時は陸続き)を歩いて越えて北米大陸に渡り、五大湖のほとりに永住の地を見つけるまでの出来事が描写されているものである。原題は『The Walking People(歩く民)』である。

アンダーウッドによれば、「一族は一貫して、何よりも学びを大切にしてきた。学ぶためなら命がけということも少なくない」という。〈歩く民〉という名前の由来は、〈水を渡る民〉との出会いの中で生まれた。歩く民の一族は、水を渡る民に大海の北のはずれを歩いてきたいきさつを話した。

「私たちがやってきたのは」最後に、われらは彼らに話した。「あなた方の想像できるよりずっと遠くからです。しかも、私たちはあなた方のような〈水渡り〉の技をもたないので、その道をずっと一方の足をもう一方の足の前に踏み出しては歩いて来たのです」

これを聞いて彼らは目を丸くした。そのことを、しきりに耳打ちして伝え合っていたが、最後に一人がこう言った。

「おまえたちの話はわかった。歩くのがおまえたちの流儀で、おれたちは水上を旅する。だから、おれたちから見るとおまえたちは〈歩く民〉だ」

そしてこのとき以来、それがわれらの名前になったのである。(p.158-159)

この〈歩く民〉はさまざまな苦難に出会い、そのたびに学びを蓄積していった。たとえば、水の少ない乾いた土地を歩んだときにも学びが蓄積された。

　こうして〈歩く一族〉は、ほとんどだれも失うことなく〈大いなる乾きの地〉を越えた。しかし、この旅では大きな学びがあった。これほどの乾きを見たことのある者がほとんどいなかったため、水や食料をどれだけ使っても大丈夫なのか、だれ一人知らなかったからである。そして一族は、これまで代々、帰ってきた物見《ものみ》たちから学んだすべてをもってしても、まだじゅうぶんではなかったことを思い知った。なぜなら、われらの古い生き方、想いと学びを集中する由緒ある方法が一瞬のうちにかき消えて、一族はこの新しい世界に裸で立ちつくしていたからだ。そこで、彼らのあいだに大きな決意が生まれ、次のような言葉をつねづね互いにかけ合う習わしができて、いつしかそれが旅の歌となった。

「目がさめているあらゆる瞬間から学ぼう。眠っているあいださえ学ぼう。学びながら、兄弟が歩くところを見守ろう。彼が石ころだらけの険しい道を選んでも――」

　こうして〈大いなる乾き〉を越えた一族は、ついに西の山並みにたどり着き、そこで小さな沢を見つけた。それはようやく一行を支えられるかどうかの頼りない沢だったが、体力を取りもどす必要のあった彼らはそこにとどまった。（p.15-16）

世界中に見られる巡礼は、聖地に至る目的とともに、長い距離を聖地に向かって歩き続けることに大きな意味がある。歩かずに車で行くのであれば、巡礼にはならない。雑念の少ない境地に入るためには坐禅によることもできるが、長い距離を歩くこともそのための方法となる。むしろ歩くことによって身体が一定のテンポに貫かれ適度な疲労を覚えることによって、ただ坐っているよりも雑念は落としやすくなる。

精神の安定と深い関係のあるセロトニン神経系は、一定のリズムの反復行為によって活性化しやすいと言われている。規則正しい呼吸や歩行は、脳内神経という観点からも精神の安定をもたらしやすいと言える。「地に足がついている感覚」は、長い距離を歩くことによって技化《わざか》される。五体投地をしながら聖地へ向かう巡礼は、大地と結びつくことによる魂の救済の感覚を技化していくプロセスと見ることもできる。

歩く文化の多様性

歩くということは人間にとって最も基本的な動きであるが、歩き方は文化によって異なっている。野村雅一『ボディランゲージを読む』(平凡社)によれば、歩き方には民族や身分や職業や男女差などによってさまざまな型がある。日本でも着物の時代には歩行の型が決まっており、「たとえば、小股で、両手をからだの前方に向かってハの字にふる、丁稚《でっち》や女中のちょこちょこ歩き。都市の女性の内股歩き。武家の「すり足」歩行、等々。これらはすわり方とおなじように身ごなしの一部と

右は、ひざをまげて歩く和服姿の女性（『貧乏だけど幸せ』平凡社より）。不安定な下駄で素早く歩くにはコツがいる。膝を伸ばし切らないで余裕をもたせ、衝撃を膝で吸収し上半身を安定させるのである。武道家には、一本歯の下駄を使うことによって、不安定な状況でもバランスを崩さない技を磨く鍛練をしていたものもあった。それに対して左は、旗を掲げながら行進する、ナチス・ドイツの武装親衛隊の兵士たち（『WAFFEN-SS』Blandford Pressより）。膝の伸び切った典型的な「硬直した身体」である。

して仕込まれたのである」(p.28)。

歩き方の躾《しつけ》はどの社会にもある。「一般に、アメリカの白人男性は、両足の拇指球《ぼしきゅう》(親指の付け根)に交互に重心をかけながら――日本人が拇指《おやゆび》で履物をつっかけるようにするのとちがって――両腕を反動をとるようにふって、しっかりした足どりで歩く。」それに対して、「黒人男子の歩行はもっとゆっくりしていて、リズミカルなぶらぶら歩きのようである。ときには歩くダンスのようにみえる全身をリズムにのせた黒人男子の歩行は、明らかに意識的に学習されるもののようだが、それは小学校時代からはじまるといわれる」(p.28)。

日本人の、特に農民の伝統的な歩き方は、ひざは曲がったままで足の拇指に力をかけて移動するやり方である。腕はあまり振らず腕の反動作用は利用されない。その代わりに土をつま先で蹴って推進力を出す。西洋式の近代軍隊や近代学校の体育では、膝を伸ばして右手と左足、左手と右足がセットになるように指導された。しかし、日本人の伝統的な歩き方は、むしろ右足が前に出るときは右手が前に出るという半身の姿勢を基本としたものであった。武智鉄二は、『伝統と断絶』(風塵社)の中で次のように説明している。

右足が前に出る時は、右手が前に出るという言い方は、ナンバの説明によく用いられる方法だが、正しくは右半身が前に出るといったほうがよい。つまり、農耕生産における半身《はんみ》の姿勢(たとえば鍬《くわ》をふりあげた形を連想してみるとよい)が、そのまま、歩行の体様に移しかえられているのである。

だから、右足が前に出た時は、右肩、あるいは右半身も、前に出ていると考えてよい。そうして、そのような身ぶりからくるエネルギーのロスを少なくするために、腰を据えるとか腰を入れるとかいう問題も、継起してくるのであった。(p.28)

この半身のナンバの歩き方が最もはっきりとあらわれるのは、天秤棒《てんびんぼう》を担いだときである。民俗学者の高取正男『日本的思考の原型』(平凡社ライブラリー)によれば、次のようである。

イワシ売りをはじめ、一般に鮮魚の行商人たちはみな威勢よく棒をしなわせてあるき、はずんだ売り声とともに、荷の中で魚が勢いよくはねているように思わせた。また、これと正反対のあるきかたをしたのは、金魚売りであった。夏の風物詩として親しまれた金魚売りは、天秤棒の弾力を利用して逆に振動をころし、棒の両端に下げた桶の水がはねないよう、日盛りの町を特有のよび声とともに、ゆっくり身体ごと調子をとってあるいた。(中略)天秤棒で荷物を担ぐときは、この後足で地面を蹴る歩きかたに、半身の構えを乗せたかたちになる。このとき、もしも西洋風に左足と右手、右足と左手を交互に前に出して歩いたら、いっぺんに腰がぬけ、荷物の重さにふりまわされ、身体の重心さえとれなくなる。右が得手なら右肩で棒を担ぎ、右足といっしょに右肩と右手を前に出す。半身にかまえ、右の腰を基軸に右足と右肩を同時に主

上は天秤に桶をつるして運ぶ女性（『臼井薫の世界　写真集・人間を生きる』郷土出版社より）。下は「息杖《いきづえ》」と呼ばれる棒を支えにして休む薪の運搬人（『新版写真で見る幕末・明治』世界文化社より）。一息入れるときの杖を息杖と呼ぶところに〈息の文化〉が感じられる。「すぐなれば重荷かけても折れぬなり世渡る人の息杖ぞかし」（石川謙校訂『松翁道話』岩波文庫）、「息杖に石の火をみる枯れ野哉」（蕪村）等の歌や句もある。

導させ、右、左、右、左、と歩くと、棒のバネと腰のバネがはじめて一致し、重心が安定する。

(p.154, p.157)

消えゆくナンバの「身のこなし」

剣道や相撲などの動きや能などの伝統演芸の動きの中にも、この身のこなし方は基本として活かされている。こうした動きを可能にしていたものは、下半身の強靭さである。こうした身のこなしは、小さいころからの歩行と訓練を通して身につけられてきた。高取正男は、生まれた村を見捨てることなく土着の生活が貫けた理由として、山道の坂に負けずに重い荷を背負い、必需品を手に入れるのを可能にしたこの歩き方と身のこなしがあったからだと言う。鍬や天秤といった道具を使いこなすことができるためには、その道具に適した身のこなし方がもとめられる。

「身のこなし」という言葉がうまく表現しているように、こうした動き方ができるかどうかは、筋力の問題もあるが、からだの柔らかな動かし方の工夫にかかっている。この身のこなしを支えているのが、身体感覚である。天秤を上手に担ぐためには、その動きに必要な身体感覚、特に腰と膝のリズミカルな感覚がもとめられる。こうした身体感覚が蓄積され技化されたものがコツである。コツを摑んでしまえば、筋力の少ない子どもでも、コツを知らない大人よりも上手に担ぐことができる。

こうしたナンバの歩き方は、平らな地面を真っ直ぐに歩く効率性からいえば、手の反動を用いて膝を伸ばして歩く歩き方には劣る。それは競歩競技のフォームを見れば明らかである。山道や田畑での歩行や作業が減少している現在は、こうした伝統的な歩き方は衰退する運命にある。

しかし、こうした歩き方を身体文化の観点から見たときには、この文化の衰退は、固有の身体感覚の衰退でもある。一つの社会の構成員のほとんどが生活の基本的な身体感覚としていたものが、百年もたたないうちにきれいさっぱりなくなってしまうという事態は、あまり注目されていないが重大である。身体感覚が断絶した後、私たちは歩き方の基本となる感覚をいまだに確立できない状況にいるからである。

3 坐の身体感覚

坐るという文化

立ち方や歩き方と同じく、坐り方もまた文化的なものである。床や畳の上に坐る坐り方のバリエーションは、アジアにおいて豊富である。中国では宋《そう》代以降、椅子が普及し、床坐よりもイス坐が一般的になったという。

日本の場合は、坐の文化においても戦後に大きな断絶があり、新しい坐の形が確立されないまま現在に至っているのが現状である。坐の文化の変質と衰退の背景として第一にあげられるのは、生活様式の欧米化である。イス坐を主にした欧米型の住居で暮らしていれば、坐の身体技法が衰える

幕末の町人たちの集合写真。身体文化を型としてもっていたのは、武士ばかりではない。さまざまな職種の町人たちのそれぞれのからだには、共通する身体文化が見られる。左端に立っている男性が手で帯を押し下げるようにして、肚から下に重心を落とすようにずっしりと立っている姿が、そうした身体文化を典型的にあらわしている。正坐という身体の型は、身を美しく調える技として共有されている（写真提供：PPS）。

のは当然である。

しかし私の考えるところでは、それ以上に大きな要因として、坐り方を躾《しつけ》る教育慣習が衰退したことがあげられる。伝統的な武道や芸道では、坐法が基本に据えられている。きちんとした坐り方は訓練されるものである。次ページの写真には、正坐が一つの美しい型として身についている家族の姿が写されている。

両膝を折り畳んで踵を尻につける正坐法は、身体にとって自然な姿勢ではない。また世界的な分布を見ても、決して普遍的な坐法ではなく、日本に特徴的な坐法である。歴史的に見ても正坐が一般の生活に普及したのは江戸時代だとされており、人類史的な観点から言えばつい最近のことである。

こうした非自然的な坐り方を、ほとんどの日本人が技として身につけていたという事実は、背景に強力な躾があったことをうかがわせる。正坐は、「居ずまいを正す」感覚と結びついている。この姿勢は、自分自身の身心を律する構えであると同時に、他者に対する礼儀正しさを表現する意味ももっている。正坐は生活上の効率性によって支えられていたというよりは、身心を律する構えの躾の一環であり、当時の社会的な関係を安定させる役割を担っていたといえる。

正坐が技化された場合には、正坐は苦痛な姿勢ではなく、自分自身にとっても心地よい姿勢となる。私の母は、椅子の上でも正坐をしてしまうことが多い。躾は身を美しくすると書くが、正坐の訓練は文字通りの躾であったといえる（ただし、美しさの基準は相対的なものであり、韓国においては正坐

上の写真は『ボンジュール　ジャポン』より、日本を旅する一行が旅館で食事をしているところである。畳の上での坐の文化が身につけられていないので、畳の上での食事が不自然なものとなっていることが見てとれる。下は、昭和21年6月25日に影山光洋が撮影した、「小麦の収穫祝い」の写真（写真提供：影山智洋）。このような食事の風景は、昭和30年代頃までは、どこの家庭でも見られたものである。三世代を貫いて、坐の文化が継承されていた様子がよくわかる。からだとからだが触れあうほどに近い距離で食事がなされているが、この密度の高さに秩序をあたえているのが、坐の身体技法である。

の姿勢は囚人の姿勢として否定的に捉えられているという)。

「さまになる」という言葉がある。正坐にせよ胡坐《あぐら》にせよ、結跏趺坐《けっかふざ》や半跏趺坐《はんかふざ》にせよ、なんらかの坐法を型として技化している身体は、さまになっている。身体感覚は坐り方によってそれぞれ異なるが、技として身についている場合には、どの坐法にせよ自分と他者双方に対して安定した感じをあたえる。現代日本の相当な割合の人は、畳や床の上での自分の坐法を技としてもっていないのではないだろうか。なんとなくいろいろな姿勢を組み替えながら坐っているというのが実状であり、その坐り姿が美しさを感じさせることは少ないのではないだろうか。

坐ることの精神性

坐り姿として私が強い感銘をうけたのは、唐招提寺《とうしょうだいじ》にある鑑真和上《がんじんわじょう》像である。像を前にしただけで、深い静謐《せいひつ》な精神性がこちらのからだにも浸み通ってくる力が、この坐像にはある。この感銘には、幾多の苦難を乗り越えて日本に仏教を広めようとした鑑真の強い意志の物語が関係していることも確かであるが、この坐像は、高圧的ではない内側から湧き出る威厳を伝えてくる。静かな深い呼吸が感じられ、こちらの息も深くなる。紀元前六世紀に釈尊《しゃくそん》が菩提樹《ぼだいじゅ》の下で坐の姿勢による瞑想によって悟りを開いた伝統が、坐という身体技法の継承を通じて脈々と受け継がれているのを実感する。

道元《どうげん》の只管打坐《しかんたざ》(ひたすら坐禅すること)という思想と方法は、日本人の身体感覚に大きな影響をあたえた。しっかりと坐り背骨を垂直に立てる身体技法は、武士の精神性や茶道の精神性などと相乗的に絡み合って、明治以降もその伝統が継承された。先日、東京・谷中《やなか》の全生庵《ぜんしょうあん》にて山岡鉄舟《てっしゅう》の木像を拝する機会に恵まれた。山岡鉄舟は幕末から明治にかけての剣の達人であり、書もよくした人物である。その坐像は大きなものではないが、端然とした武士のたたずまいを伝えるものであった。坐っている姿が一個の作品となるほどに、鉄舟の坐は技化されていたといえる。ここで注意したいのは、鑑真や鉄舟といった傑出した人物の坐法にのみこうした精神性が見られるというわけではなく、一般の人びとにおいても坐法がかなりの程度技化《わざか》していたという事実である。坐法が生活の中で身につけられるべき技として認められていたのである。

野田秀樹の『赤鬼』

坐っている姿がさまになっているということでは、野田秀樹作・演出の『赤鬼』の舞台が印象に残っている。ストーリーは、ある村に異人が漂着し、鬼として排除されるプロセスを中心とした筋立てである。赤鬼役の野田秀樹を除いては、全員がタイ人によって演じられていた。この演劇のおもしろいところは、役者たちが演じる場所が普通の壇上ではなく、十数メートル四方の床面であり、その四方を観客が取り巻いているという点である。道具立ては、ちゃぶ台を大きくしたもの一つで、これがちゃぶ台として使われたり舟として使われたりする。したがって、役者のからだが演劇に占める割合は非常に高くなっている。役者のからだは四方から見下ろされる形になるので、普通の演劇のように観客席に向かって意識を放って表現していくのとは異なり、全方位的な存在感が要求される。

この演劇で印象的であったのは、出演する二〇人ほどの役者が、はじめから終わりまで観客の目の前からいなくなることがなく、自分の出番でないときには四角の舞台の縁の位置に胡坐をかいて坐って待機しているという演出法であった。ある場面で五人ほどが演じているとすれば、残りの十数人はそれを坐って四方から見ているのである。

この坐って待機しているときのタイ人役者たちの坐り姿が、大変さまになっており感銘をうけた。椅子に坐って待機しているのではさまになりにくい。一人一人がどっしりと腰を据えて見守る姿は、堂々としており、しかも温かみを感じさせるものであった。展開の早い演劇であるので、素早く坐り素早く立つ技術も必要である。動と静、静と動の素早い展開が、坐という身体技法によって見事になされていた。アジアが坐の文化であることを実感する光景であった。

私はこうしたアジア的な雰囲気が好きな上に、そもそも普段でも椅子の上で坐の姿勢をとることが多いので、観客席の椅子の上で片足を股にのせる胡坐に近い半跏趺坐の姿勢で坐って見ていた。坐の姿勢をこうして共有してみると、普通に椅子に坐っているときよりもずっと舞台が身近なものとなった。

ストーリー展開の中で赤ん坊役の人形をタイ人女性が観客に預かってもらうという場面が設定されていたのだが、私の坐法が目立ってしまったのか、私が赤ん坊を預かることになった。赤ん坊を預けに来たタイ人女性の役者は、私の坐っている姿を指さして「グッドグッド」と大喜びしたので、他の男の役者も来て、「これ、いいよね」という感じでやりとりを交わした。そのあと私は、半跏趺坐のまま人形を抱き続けていたるなんとも奇妙な観客になってしまった。おもしろかったのは、タイ人役者たちが即興的に坐の姿勢に共鳴したことである。坐の身体感覚の心地よさを知る者同士の共感は、坐の文化圏の広がりを実感させてくれた。

シッダ・アーサナ（達人坐）（『ヨーガの思想』NHKブックスより）

洗練された禅の坐法

坐ることは自然な行為である。しかし、坐法の中には、楽に坐るという意味での自然な坐り方ではないものがある。正坐もそのうちの一つであるが、禅の坐法である結跏趺坐とヨーガの基本坐法である達人坐（シッダ・アーサナ）はきわめて洗練された身体文化である。日本人の坐り方の中で、背骨を垂直に立てて臍下丹田に重心を落としてどっしり坐るという基本に大きな影響をあたえたのは禅の坐法である。禅は日本人の生活に深く浸透していたので、必ずしも結跏趺坐の姿勢をとらないとしても、結跏坐法の身体感覚が生活の中で伝承されてきたといえる。背筋をまっすぐに伸ばし、肩の緊張を緩めてどっしりと動かないように坐る坐り方は、力強くしかもすっきりとした身体感覚を生む。この身体感覚を何度も繰り返し経験し、いつでも呼び起こすことができるように技化できるようになると、一定の「境地」に達した感じがする。釈尊の悟りのように、徹底的なものではないとしても、心のぶれの少ない状態を実感できるのは確かである。

結跏趺坐は、両方の足裏を、それぞれ反対側の太股の上に交差させてのせるので、からだの関節が非常に柔らかい人以外にとっては、楽な姿勢ではない。しかも足が完全にロックされた状態になるので、姿勢をずらしにくくなる。この結跏趺坐は、足首や膝にとって自然な坐法ではないので、痛みをともなう緊張感が身体感覚として持続する一方で、上半身は肩の力が抜けてリラックスしているので、緊張と弛緩が一つの身体の中で融合する身体感覚となる。

この結跏趺坐は釈迦が菩提樹の下で悟りを開いたときの坐法として知られ、その後、仏教では基本的な坐法とされ、日本の道元や栄西もこの坐法で修行した。この仏教の結跏趺坐と一見似ているが対照的な性質をもつ坐法が、ヨーガのシッダ・アーサナ坐法である。この坐法は、ヒンズー教のシヴァ神の像によくみられる。これは、両足の踵を性器と肛門の中間部分である会陰《えいん》に引きつける坐法である。背筋を伸ばして肩の力を抜く点は結跏趺坐と同様である。

ヨーガの坐法

結跏趺坐では両足裏は宙に向くことになるが、シッダ・アーサナ坐法では踵が会陰を刺激することになる。ヨーガの教典によれば、この会陰には性的なエネルギーが凝集しているとされ、それはとぐろを巻く蛇の姿に象徴される。結跏趺坐では、動物的・性的なエネルギーは抑制されるが、シッダ・アーサナではそれがむしろ通常の姿勢よりも活性化される。

山折哲雄は『「坐」の文化論』（講談社学術文庫）の中で、この二つの坐法を比較している。結跏趺坐は両踵を太股の上にあげることで会陰への刺激を回避する点で倫理的で禁欲的な現世拒否的な坐法であるとし、次のように述べている。

結跏趺坐の坐法をとる仏陀像。

「シッダ・アーサナ」が蛇性活力の昇華をめざしたとすれば、「ブッダ・アーサナ」すなわち結跏趺坐は、端的にいって意識やエネルギーの鎮静をねらっている。生命力の上昇や純化ではなく、生命力の、むしろ下降、無化をめざしている。つまり肉体的活力を全体として鎮静し、禁圧することによって、霊的なエネルギーの活性化をねらうといっていい。

仏教でいう「無」とか「空」とか「悟り」とかいうものも、そういう身体的なはたらきを概念化したものにすぎない。

足のかかとを会陰につける坐り方と太ももの上に上げる坐り方とでは、坐る人間の身体的なはたらきや意識のあり方に大きな違いの出てくることが、これでわかるであろう。その意味で、少々おおげさにいえば、ヨーガの坐法と仏陀《ぶつだ》の坐法は、アジア人の「坐」の生活にとって基本的な二つの原型をなすものであるということができる。それはまた、アジア人の文化の型をも深いところで規定していると、いえないであろうか。(p.64-65)

番場一雄『ヨーガの思想』(NHKブックス)によれば、ヨーガでも結跏趺坐は行われるが、ヨーガの実践者と禅では同じ結跏趺坐でも大きな違いがあるという。

その大きなちがいの一つは、禅の坐り方では腹部、いわゆる丹田のあたりの重心の置き方が低いということである。それがいわゆる気海《きかい》丹田(ヘソの下あたり)にエネルギーを生じ、どっしりとした安定感と、腹の底からの落ち着きを感じさせるのかもしれない。それにひきかえ、ヨーガの実践者の坐り方は腰を中心として重心が低く、安定したものであるけれども、腰部から横隔膜、そして胸部が背筋全体とともに少し引き上げられている感じになるのである。言葉をかえれば、禅の坐り方では胸部と腹部は下がり気味であるのに対して、ヨーガでは腹部と胸部が引き上がり気味になっているのである。しかし、坐っているときに、意識的にそれらの部位を引き上げているのではない。それはさまざまなヨーガ行法を実践しているうちに身体の精気充実の結果として、必然的に生じてくるのである。(p.222-223)

この違いを生み出している行法が、ヨーガのムドラー行法である。これは、「背骨の下部、いわゆる尾骶《びてい》骨のあたりに存在するとされている根源的な生命エネルギーを覚醒《かくせい》させて、その生命エネルギーである「気」(プラーナ)を背骨の上部に向かって引き上げようとするもの」(番場一雄『ヨーガの思想』p.223)である。

ムドラー行法(『ヨーガの思想』より)

一見同じ坐法に見えても、身体の中で感じられている身体感覚が違えば坐法の意味は異なってくる。「臍下丹田に気を沈(静)める」という日本人になじみの深い身体感覚のあり方と、ムドラー行法のように気を尾骶骨から背骨を通して引き上げていくことによって生まれる身体感覚とは、相当意味が異なる。身体感覚が反復によって身体に技化されていった場合には、その意味の違いは一層大きなものとなる。シッダ・アーサナの坐法や気を上昇させる身体感覚は、日本人には馴染みが薄いものである。

山折の言うように、シッダ・アーサナと結跏趺坐がアジアの坐の文化の二つの大きな源流であるとすれば、その源流のうちの片方である仏教の結跏趺坐の流れが日本には大きく流れこんだ。番場一雄は「ムドラー行法を実践しているものとそうでないものとは、一見坐相は同じにみえても、身体感覚としては著しく違ったものである」として、「ヨーガ行法のなかで重要な位置づけをもつムドラー行法が、なぜ禅のなかでとり入れられなかったのであろうか」という疑問を提出している。

二一世紀の日本の身体文化と身体感覚を考えるときに、この疑問は大きな意味をもつように思われる。腰を据え肚を決めた自然体の身体感覚を技化《わざか》していくことは、二一世紀の日本の身体感覚の大きなテーマである。それを中心としつつも、気持ちを臍下丹田にしずめ沈静化していく方向と、セクシュアルな刺激をもとりこみながらそれをコントロールしつつ引きあげていく方向性の双方を、身体感覚として技化していくことが二一世紀の身体の課題である。

第二章　失われゆく「からだ言葉」と身体感覚

「からだ言葉」を再評価する

からだの動きとそれを表現する言葉は、セットになって文化をつくりあげている。「腑に落ちる」や「堪忍袋の緒が切れる」や「腹に据えかねる」など、日本語にはからだの微妙なニュアンスをあらわす「からだ言葉」が豊富にある。しかし、その豊富な語彙の中には、現在使われなくなってきている言葉も多い。身体感覚は文化的なものであり、それは言葉によっても支えられている。「堪忍袋の緒が切れる」という言葉があることによって、からだの中に堪忍袋のような袋あるいは器の感覚が生まれるのである。

「肚におさめる」という言葉も同様である。肚におさめるという言葉は、おさめるべき袋や器が肚にあることを想定している。そうした袋や器が実体として存在するかどうかは、さして問題ではない。想像力によってそのような袋や器が感じられるようになれば、それは自分にとって存在することになる。「清濁併せ呑む」という言葉も、併せて呑みこんで肚に入れるという身体感覚を表現している。自分の価値観では割り切れないものも肚に呑みこむという感覚は、たんに自分と異なる意見を認める、あるいは頭で理解するということとは異なる。きちんと呑みこんで肚におさめたからには、少々のことでそれを蒸し返さないという粘り強さが「併せ呑む」や「肚におさめる」という言葉にはある。

こうした身体感覚についての繊細な言語表現は、精妙な身体感覚を継承していく強力な手立てである。身体感覚は行動様式を通しても伝えることができるが、こうした「からだ言葉」を通して伝承される意義も大きい。今こうした伝統的な身体感覚についての表現が急速に失われつつある。「清濁併せ呑む」や「肚におさめる」などは若者の間では、もはや死語である。こうした表現が死語になるということは、それに対応した身体感覚が失われるということを意味している。

こうした伝統的な表現は、理解や許容といった言葉では喚起しにくい身体感覚を触発する力をもっている。明治時代になって学者によって考えられた翻訳表現は便利なものではあるが、江戸時代あるいはそれ以前から用いられている「からだ言葉」の豊かさをカバーしきれるものではない。

しかしながら現在、数百年以上をへて培われた豊かなニュアンスをもつ動詞がいくつも衰退に向かっている。こうした動詞のもつ文化的な価値を身体感覚の次元から再評価する作業を、次に行いたい。

1　練る

強い力で鍛える

現在、衰退しつつある動詞として、まず「練る」がある。練るの原義は、白川静《しらかわしずか》の『字訓』（平凡社）によると、糸・布・金属・土などを柔らかにし、あるいは粘り強さをあたえるために、強い力を加えて鍛えることである。「こねる」「くねる」「ひねる」は「練る」の派生語である。糸や布を水でさらして洗うときには、「湅」の文字を使う。昼間は風にさらして夜は水に浸すのを「水湅の法」という。土をこねて粘るようにすることや金属を焼いて鍛えることを意味し、あるいはゆるりゆるりと練り歩くことも意味する。いずれにせよ、なんらかの加工をくわえ、柔らかく粘り強くするのが「練る」である。

練るには「人格を練る」や「人間を練る」という用法もあるが、もともとはさまざまなものを粘り強くするのが原義である。人間の精神は、それ自体モノのように確かなものとして取り扱うのが難しいので、モノを柔らかく粘り強くするわかりやすい技法を、比喩として精神に適用したのだと考えられる。練るは、地水火風に深く結びついている。自然の力を巧みに使い、硬いものを一度柔らかくすることを通して強さを出すという手法が「練る」である。

作戦を「練る」と「立てる」の違い

練るという行為は日常生活の中でほとんど行われなくなってきたので、この言葉も使用頻度が激減した。七〇代以上の老人は好んで「練る」という言葉を用いるが、若者が用いることは少ない。

「作戦を練る」という表現があるが、これは「作戦を立てる」ということとはニュアンスが異なる。「作戦を立てる」は、ただ一つの作戦を案出する場合にも用いることができる。これに対して「作戦を練る」は、数多くの作戦を比較吟味し、それぞれのよい点を組み合わせながらより良質な作戦へとブラッシュアップしていくことを意味する。練りあげられた場合の作戦は、たとえ単数であっても、その背後には吟味された数多くの作戦がある。練るという動詞は、あえて困難をぶつけて柔軟性をもたせ、鍛えるということを意味している。この場合も、作戦がうまくいったケースではなく、うまくいかなかったケースという困難な場合をさまざまにシミュレーションし、その想像上の難局に柔軟に対応しうるものへと案を磨きあげていくのである。練るという行為は、数多くのアイディアを溶けこませるということでもある。

「考えを練る」や「文章を練る」という表現における「練る」も同様である。よく練られた考えや文章は、単純な思いつきで変更することのできない奥行きをもっている。考えや文章に粘り強さをあたえるのは、こうした吟味を続けることのできる精神の粘り強さである。練るという言葉の存在が、こうした粘り強さが育つのを助ける。「技を練る」という言葉があるように、「練る」は反復練習をして身につけるという意味をもっている。

かつては日常生活の中で練るという行為は数多くあった。水飴《みずあめ》は、二本の割《わ》り箸《ばし》でぐるぐると練っていくうちに柔らかくなった。うどんも粘りけのないただの粉から、水をくわえて繰り返し練ることで粘りが出てくる。うどんや麺《めん》の場合は、この粘り強さを「コシがある」と表現する。腰のイメージは、土俵際でも粘れる相撲取りの「粘り腰」のように、しなやかで強いイメージである。追いこまれたときにぽっきりと折れてしまう硬さではなく、ぎりぎりのところでしなやかに受け止めて持ちこたえることのできるのが「粘り腰」であり、それをつくるのが練るという作業である。相撲の稽古《けいこ》は鉄砲や四股など一見単純なものが中心となっているが、これは、からだとりわけ足腰を練ることを目的としているからである。

柔らかく粘り強くするのが鍛錬

鍛錬のイメージは一般的には、からだを硬くするイメージがあるが、実際は柔らかく粘り強くするものである。宮本武蔵の『五輪書《ごりん》』（岩波文庫）には、「鍛錬をもつて惣躰自由なれば、身にても人にかち、又此道に馴《な》れたる心なれば、心をもつても人に勝ち、此に至りては、いかにとして人にまくる道あらんや」と書かれている。鍛錬によって全身を意のままに動かせるようになるのである。

『五輪書』は、具体的な記述をふくめて細かな項目にわかれている。たとえば兵法の拍子の事という見出しがあり、「物毎に付け、拍子は有る物なれども、とりわき兵法の拍子、鍛錬なくては及びがたき所也」から始まり、「いづれの巻にも、拍子の事を専ら書記す也。其書付の吟味をして、能々《よくよく》鍛錬有るべきもの也」で一項目が終えられる。

『五輪書』全体に鍛錬という言葉はキーワードとして数多く出てくる。武蔵の場合は、鍛錬は一生懸命練習するというにとどまらず、「千日の稽古を鍛とし、万日の稽古を練とす。能々吟味有るべきもの也」というように具体的な反復練習の基準をもっている。一つの項目の終わりは、「能々鍛錬すべし」あるいは「能々吟味有るべきもの也」あるいは「工夫有るべし」「能々分別すべし」といった言葉で締めくくられている。すべての項目が、工夫、分別、吟味、鍛錬、稽古などの言葉で締めくくられていることは意義深い。

鍛錬は、何も考えずに言われたことをただ繰り返すといった作業ではなく、自分の頭を使って一回一回工夫し、吟味し続けることを含んでいる。武蔵の鍛錬は工夫と吟味の集積である。第二次大戦時における総力戦体制下の「錬成」教育とは、質的に異なっている。

太極拳の動き

柔らかくして粘り強くするという「練る」の原義をからだの動きとして実感しやすかったのは、私の場合、太極拳《たいきょくけん》の練習であった。太極拳はゆっくりと動くわけだが、低い姿勢を維持することも多く、からだを柔らかく粘り強くすることを促す。片足で立って重心をゆっくりと動かしていく動きも多いので、軸の感覚がしなやかで強靭でないとバランスを崩す。しかも、形を真似しただけでは、いわば「仏作って魂入れず」になってしまうので、からだの隅々にまで気を行き渡らせることも求められる。

上手な人の太極拳の動きを見ていると、よく伸びる練り物のようであり、滞りがない。しかも、たんに水が流れるがごとくというだけではなく、実際に腰が決まっていることもあって、コシのあるうどんのような芯《しん》の強さを感じさせる。うどんは水をくわえて練るまではバラバラな粉である。練り続けていくうちに、それぞれが結びついて一つのものとして繋がってくる。太極拳は、自分のからだをうどんに練りあげていくイメージと私の中では重なるところがあった。からだのいろいろな部分がバラバラであるようにはじめ感じられたのが、やっていくうちに足の先から手の先までが繋がっている身体感覚に変わっていった。一瞬に終わる早い動きではなく、ゆっくりした動きなので、自分のからだの各部の状態をゆっくりと内側から感じることができやすかった。

練るは、一回性の出来事ではない。目的意識を長く持続させ、一見退屈な動きの繰り返しを倦《う》むことなく行うことである。その繰り返しの間、感覚は鋭敏に保たなければならない。これは根気のいる息の長い身体の文化である。「人間を練る」という表現が若い人によって用いられなくなったということは、息の長い自己形成のスタイルが一つ失われたことを意味する。これは意外に大きな文化的損失ではないだろうか。

同様に、動きの衰退とともに使われる頻度が減ってきているものとして、「磨く」「研《と》ぐ」や「締める」「絞る」「背負う」などがある。以下、順に見ていきたい。

2 磨く・研ぐ

砥石で擂って鋭くする

「人間を磨く」「技を磨く」「研鑽《けんさん》を積む」「錬磨する」「切磋琢磨《せっさたくま》する」などといった表現は、この五〇年で急速に使用頻度が減っていった。人間を磨くや切磋琢磨といったまじめな生き方が、茶化されて気恥ずかしくなったことも要因としてはある。しかし、根本的な要因は、磨くや研ぐという動きが実際の日常生活で少なくなってきたことにある。

磨と研という漢字の中に石が入っていることからも明らかなように、これは砥石《といし》で摺《す》って鋭くするという意味である。手でこする場合には摩を使い、砥石で磨く場合には磨を使う。切磋琢磨は玉・石・象牙などを切り磨くように道徳学問に励むことや、仲間同士励まし合って学問や徳を磨くことを意味する。切磋琢磨の四文字とも磨く技である。

切磋琢磨という言葉が用いられることが少なくなるということは、励まし合って仲間同士が向上していくというクリエイティブな関係性を支えるイメージが一つ衰退することを意味する。「一緒に頑張っていこう」という言葉はよく使われるが、これは身体感覚をあまり喚起しない表現である。切磋琢磨は、おたがいに摺り合わせて磨き合うという身体感覚が喚起される。たんに「良くなる」や「向上する」というのと「磨かれる」というのでは、身体感覚の具体性において大きな隔たりがある。

砥石という存在は、磨くという技にとって基本となるものである。水をかけて滑りをよくし刃物を砥石で研ぐ感覚は、気分のいいものである。私は小学校一年のときに友達の家に遊びに行った折、たまたま友達の書道好きのおじいさんに誘われて硯《すずり》で墨をすったことがある。正坐して一時間近く墨だけをすり続けたのだが、不思議と退屈せず、墨をするという動きにはまっていった。そのおじいさんからはそのとき字を書くことを教わったわけではないので、ねらいは、墨を長い時間すらせることにあったのであろう。黒い硬いもの同士をこすり合わせていくことで、少しずつ墨がこすれ出て濃くなっていくのは、既成の墨汁を使うのとは違うおもしろさがあった。腰を据えて呼吸を静かにして繰り返し墨をすり続けることによって、書をなす「構え」をつくりあげる。私の字はどうにもならないものであったが、この構えをつくる「する」という作業は好きであった。

小学校四年のころ、私は珍しい石を売る店の子どもと友達になり、石を磨くおもしろさを教えられた。断面が磨きあげられて層が見えるようになった石を見た感動で、小学校の裏の石を割りまくって磨いた。クラスの男子の間ではきれいな石を河原で探して磨くことが流行った。私はそのあと磨くことにしばらく凝って、リンゴや古いコインなどを磨くのに熱中した。哲学者スピノザはレンズ磨き職人であり、宮沢賢治も宝石を磨く技師をめざした時期がある。磨きあげていく行為が精神にあたえる影響には大きなものがある。

人間をどう磨くのか

ものとものとを強くこすり合わせるという動きは、日常生活の中であまり必要とされなくなってきた。人間関係においても、各人の硬い本質的な部分をこすり合わせて磨き合うような熱い人間関係は避けられる傾向にある。ムカツクという言葉についてアンケート調査をしたときに、柔らかくゆるやかな同質性の高い関係が好まれる傾向にあり、硬質な磨き合う関係性は好まれない傾向にあることがわかった。『巨人の星』や『あしたのジョー』に出てくる人びとは、たがいを強く擦《す》り合わせて磨き合っている。梶原一騎《かじわらいっき》的な過剰な摩擦熱はともかくとして、一九六〇年代までは、こうした人間関係のあり方は、現実においてもさほど珍しいことではなかった。

宮沢賢治は『チュウリップの幻術』など遍歴する若い研ぎ師を主人公とした物語をいくつか書いている。若い研ぎ師が一つの自己イメージとして成立した背景として、磨く・研ぐが日常生活に溶けこんでいたことがあげられる。自己研鑽や錬磨を生涯の課題とした賢治が研ぎ師を主人公とした物語を書いていることは、身体感覚という面から見ると偶然ではなく、必然だといえる。

磨くや研ぐにとって「砥石」のイメージは重要である。砥石はそれ自体が光るわけでも鋭いわけでもない。しかし、それを用いることで刃物は鋭く磨かれる。重要なのは、「何を自分にとっての砥石とするか」という問題設定である。自分という人間や自分の技を磨くためには、柔らかい内容の本では砥石にならないが、硬い内容の本であれば砥石となりうる。実社会もハードな砥石である。先日、就職して三ヶ月たった卒業生がゼミの読書会に顔を見せ、在学中の三年間では見られなかったほどの読みの深さを見せたのには、実社会の砥石としてのすごさをあらためて感じさせられた。砥石で磨くという行為が原型としてあることによって、困難な状況に対しても積極的な見方ができやすくなる。

技を磨き、感覚を研ぐ

技を磨く砥石の典型は、型である。優れた型は、一つの物差しとなって自分の一回一回のパフォーマンスの質を確かめやすくさせる。歌人の岡野弘彦は、師の国文学者で歌人の折口信夫《おりくちしのぶ》（歌人名は釈迢空《しゃくちょうくう》）の教えについて次のように言っている。

私は大学で折口先生の学問や文学にふれ、先生のお宅で起居することにしたのですが、典型的な戦中派でしたから、お仕着せの言葉しか知りません。自分の言葉が見つからず苦しんでいると、万葉集の東歌《あずまうた》をまず暗記するようにいわれたのです。（中略）

歌はまず定型を身につけ、調べ、言葉を覚えることから入ります。東洋の文学や芸術を学ぼうとすれば、みな同じ過程が必要ではないでしょうか。平安期の人たちも漢詩を学ぶときは、まず丸暗記をしたと思います。『枕草紙』の有名な一説に、「香炉峰《こうろほう》の雪は」といわれ、体が反射的に動いて御簾《みす》を上げるところがあります。元の漢詩が、体にしみこんでいたのではないでしょうか。丸暗記は屈辱的だといってしない人がいますが、間違いですね。（中略）

推敲《すいこう》するときは机に向かいますが、推敲を重ね、磨きあげていく作業で物差しになるのが、覚えている歌、それも他人のいい歌でなければいけません。ここで先ほどの暗記が生きてくるのです。

（『朝日新聞』一九九八年九月一七日付夕刊）

「長い年月をかけて磨きあげられてきたもの」を型として暗記し、身にしみこませることによって、それが自分の歌を磨きあげていく作業の物差しとなるのである。ここでは、「磨きあげる」という表現が、古典となる歌が砥石の役割を果たすことによってより具体的にイメージされるようになっている。岡野弘彦の作歌のスタイルとしておもしろい点は、身体の鍛錬によって感覚を研ぎ澄ますということである。岡野は「毎朝走って感覚を研ぐ」という。

先生のお宅では月に一度、歌会がありました。私は書生の身ですから、仕事の合間を縫って、時間にすれば二十分ほどの間に作ります。集中力と瞬発力が必要です。歌は即興性が大切ですから、この二つは不可欠です。いい訓練になりました。しんねりむっつり考えるより、体を動かしている方が、いい歌は作れるでしょう。（中略）

三、四十人の学生を引率して、毎年十二月の下旬に万葉の旅をしました。山道を一週間、毎日三十五キロから四十キロ歩いて昼は素うどんだけの強行軍です。そして最後の夜に歌会をします。学生は頭で考えたことではなく、体で感じたことを歌にします。いいものがありました。そういうことを三十年も続けましたからね。

私は腹筋が締まっていないと感覚が鈍るような気がして、いまでも毎朝、小一時間走ることにしています。走りながら歌のテーマや構成を考えます。毎日何首かずつ作ることはしないで、一度に三十首、五十首と作ります。

（『朝日新聞』一九九八年九月一七日付夕刊）

身体感覚を研ぐことが、歌をつくることの基礎になっているのである。実際に一週間歩き続けたり毎朝走る習慣を身につけていることは、現代の生活では消え去りがちな身体感覚を呼び起こす方法として意義深い。足腰と腹の引き締まった感覚が身体感覚を研ぎ澄ます基礎となっていることもまた、腰肚《こしはら》文化の伝統を感じさせる。

清水宏保の挑戦

「身体感覚を研ぎ澄ます」ということに関して極限的なトレーニングを積んでいる人間として、スピードスケートのゴールドメダリスト清水宏保がいる。清水は意識を失うほどの激しいトレーニングを金メダル獲得後も続けている。「防御本能による心理的限界をいかに肉体的限界に近づけるか」をテーマにして、限界の幅を広げようとしている。

清水はトレーナーにマッサージしてもらうときに、「そこの筋肉の何番目の筋繊維の裏側」というようなリクエストをするという。「ただ寝そべってマッサージをしてもらうんじゃなくて、筋繊維一本一本に意識を集中させると、自然とそういうリクエストになります。筋繊維に回復を知覚させるんです」(『Number PLUS 日本の挑戦』二〇〇〇年五月号、p.36)。

清水は、随意筋だけではなく、不随意筋の腸や胃にも感覚や意識をもつことができる。「レースの日とかタイムトライアルの日というのは極度に集中するので、胃とか腸にものが入っていると違和感がある。邪魔くさいんですよ。胃や腸の蠕動《ぜんどう》によけいなエネルギーを奪われてしまう。だからレース期間中、ほとんど固形物を口にしません」と言う。

通常は感覚をもちにくい部分の筋肉を鍛えるときには、意識を研ぎ澄ませていくことがポイントとなる。「ただがむしゃらにガーッと腹筋とかするんじゃなくて、常に意識をそこに持っていく。

意識をその部分に集中させながらトレーニングすると知覚できるようになるんです。感じないという人は、感じるはずがないという先入観をもっているから。だから何をやるんでも、その部分をいかに意識し、神経を集中させ、研ぎ澄ませていくかですよね。精神や身体はトレーニング次第でいかようにも変容できるし、極限に追い込めば追い込むほど、人間というのは気づかなかったものを察知できるようになり、潜在能力が上がるんです」(p.36)。

まさに、刃物が鍛えあげられ研がれて鋭さを増していくように、感覚が研ぎ澄まされている様子がよく伝わってくる。清水は、その筋肉を破壊し再生するというプロセスを繰り返し行うと言う。辛いトレーニングによって乳酸がたまり、火傷した傷口に塩をまかれて、その上からつねられたような強烈な痛みや熱さをくぐり抜ける。このプロセスはまさに刀を鍛錬するのに似ている。

清水は今後の課題として、次のように言っている。「技の部分の詰めですね。レースではただ足を動かしているだけに見えるかもしれませんが、スタートからフィニッシュまで例えば50歩だとすると、その一歩一歩に意味があるんです。その一歩一歩の意識を確実なものとして知覚したい」(p.37)。極度に激しい運動をしている最中に微妙な感覚を逃さずに捉えていく、研ぎ澄まされた意識がここにある。技を磨くことが、身体感覚と意識を研ぎ澄ますことと連動していることがうかがわれる。

3　締める・絞る

力をこめて凝縮させる

ここまで見てきたように、現実の動きが失われるとともに言葉としても用いられることの少なくなった動詞の中には、基本的な動詞がふくまれている。「締める」や「絞る」もそうした部類に入るであろう。締めるという言葉は今でももちろん使われるが、その原義である「上下または両側面から力をくわえて、ものの隙間へ緩みをなくす」という動作は、日常生活の中で減ってきている。

ひもなどをぎゅっと固く結んだり縛りつけたりする動作は、かつては日常生活で不可欠の動きであったが、現在は、それほど力をこめて締める場面は少なくなってきている。私の生家は家具製造卸を営んでいるが、一九六〇年代までは荷造りを縄で人力によって行っていた。大きな荷の場合は、二人が息を合わせながら縄で締めあげていった。その縄で締める作業は、仕事の中でもある程度の重要性をもっていた。七〇年代以降は機械が導入され、「締める」という技術は必要とされなくなっていった。

力をこめて凝縮させていくという身体感覚全般が、現在は衰退の傾向にある。「脇をぐっと締める」や「尻の穴をぎゅっと締める」や「帯をぎゅっと締める」というような、からだを凝縮する傾向の言葉は、リラックスさせる傾向の言葉に比べて流行らなくなってきている。「気を引き締める」

なども同様である。締める身体感覚が衰えていくのと連動して、「噛《か》み締める」や「踏み締める」や「握り締める」といった複合動詞も古くさく感じられるようになってきた。「噛み締める」や「踏み締める」といった言葉がもつニュアンスには、たんなる「噛む」や「踏む」以上の力強さがこめられているのだが。

毎日、褌を締めたり帯を締めたり縄を締めたりしていた生活では、締めるというのはもっとも基本的な動詞であり技であった。こうした動詞が、精神のあり方としての締まった心のあり方を、身体感覚とイメージを通して支えてきたのだと考えられる。「気を引き締めろ」というかけ声だけでは、現在は必ずしも身体感覚が喚起されにくい状況にある。締める身体感覚は、集中するという言葉が喚起する感覚よりももっと具体的な内容をもっている。「しめる」には緊張の緊の字が使われることもある。引き緊まった表情や緊まった雰囲気という言葉が肯定的な意味合いをもつように、緊張感のある緊まるは好ましいものとしてうけとられてきた。

骨を締める

私が現在、謡《うたい》と仕舞《しまい》を教えていただいている能楽師の寺井良雄先生は、「骨を締める」という言葉を用いている。立っているときの構えや歩くときの足の運び、そして足をどんと踏み締めるときの動きのそれぞれにおいて、骨をぎゅっと締めるというのである。能の舞台は、基本的に「引き締まった」雰囲気である。こうした締まった空気が、骨を締める厳しいからだのつくり方に支えられていることがわかる。能で立っている姿勢のことを「構え」と呼ぶ。この「構え」は一見何気ない姿勢のようであるが、前後左右上下に心配りをし、隙がないように立つのが基本だということである。こうした隙のない締まった心のあり方が、「骨を締める」というからだの使い方と結びついているのである。

「しぼる」も同様の事情にある。雑巾《ぞうきん》をぎゅっと絞るという場面が典型的であるが、日常生活で絞るという動きも激減した。ふくまれている水分をとるときに抑えたりねじったりすることや、声を無理に絞り出すこと、弓を力をこめてぎゅるぎゅると引くことなどが「絞る」の意味である。どれも力をこめて凝縮し、余分な水分や空気を出し切る動作である。「体重を減らす」と「からだを絞る」とではニュアンスが異なる。からだを絞ると言ったときには、運動をして汗をかき、脂肪を筋肉に変えていくイメージがある。

剣道で、「雑巾をぎゅっと絞るように竹刀《しない》をもて」と指導されることがあるが、手でぎゅっと絞りこむ感覚は、からだの中心感覚と深く結びついた感覚である。とりわけ薬指や小指でぎゅっと絞りこむときには、肩に力が入らずに肚や腰に指先が連動する感覚が生まれる。腰肚文化において「絞る」という動きと感覚は重要な位置を占めていた。「知恵を絞る（あるいは振り絞る）」という表現も、絞るという感覚が身にしみこんでいないぶん、リアリティを失ってきているであろう。

写真は、影山光洋の写した、昭和3年の奥多摩の山村の子ども達（写真提供：影山智洋）。子守をする女の子たちは、背負っていることを必ずしも意識しないほどに背負うことを技化している。子どもを背負い、小さな子の世話をしながら遊ぶ経験は、世話（ケア）する力を育てる。大人になって、自分の子どもができたときにはじめて子どもの世話をする現代の親とは、世話をする力の鍛えられ方が違う。背負われている子どもも、歩く前から子どもの遊びに参画している。

4　背負う

背負うことの人間的意義

背負うという行為は、かつては日常生活の中で不可欠の基本的運動であった。重い荷物を運んだり子守をするときに、背負うという行為は自然に反復され技化されていた。

戦後になっても、まだ背負うという技は生活の中で不可欠のものであり続けた。しかし、高度経済成長期に生活様式が激変するにともなって、背負うという行為は日本社会の中で激減した。このことによって、背負うことを技として身につけることなく成人となる人の割合が急増した。重い荷をかつぐ必要や子守りで赤ん坊を背負う機会が減少したためである。かつては、ほとんどの人が重い物を背負う経験を共有していたことからすれば、背負うことの廃れ方は急激である。「背負う」ことの歴史を百年千年単位で見たときに、この二、三〇年の激減ほどの激しい変化はないであろう。

背負うことの激減は、通常ほとんど注目されることはない。しかし、背負うという行為が人間の身心に対してもつ深い意義を考えるとき、この影響は意外なほど深刻なのではないか。

かつては、背負う訓練は子どものころから始まった。無着成恭《むちゃくせいきょう》編の『山びこ学校』（岩波文庫）は、戦後数年の山形の生活綴り方の記録である。ここには背負うことが日常の子どもたちがいる。

山へ　いもまきに行った
兄さんは　ダラ《(下肥)》を
私は　いもだねを
弟は　カリンサン《(過燐酸石灰)》を
それぞれ背負って
うん　うん　のぼって行った（p.39）

夏は夕方五時まで山にいます。かえりはすみをせおってきます。大し《(地名)》ひのあたりまでくると
あせが《(を)》だらだらかきます。そこまででまだ半分ぐらいしか来ません。家に帰ると六時半ぐらい
になっています。支度をほごして《(ほどいて)》、ごはんをたべて、わらをぶちはじめます。
おっつぁん《(父)》が、「今日学校さいっていい。」といったので、私はよろこんで学校にきました。
そのかわり帰りに塩と砂糖をかってこいといいました。学校からかえると、どいがまに、しば
せおいにゆかなければいけません。（p.42-43）

この間の稲上げ《(刈り干した稲を田んぼからはこぶ)》のときも学校をひまもらって稲背負いしました。足をつまかい《(ものにぶつけて爪をはがすこと)》していたの
であまりたくさん背負えませんでしたが、それでもがんばって背負いました。背負ってみると
去年からくらべて倍かろい《(かるい)》のにおどろきました。（p.144）

昨日、ミハルさんとおサメちゃんと蕨《わらび》売りに行く約束をしたので、昨日とってきた蕨をそろえてたばにし、いつでも背負って行かれるように準備をして待っていた。間もなく「ホ」と私を呼んだので「ホ」と云って、蕨を背負って、こうもりをさしてでかけた。栄の家の所まで行ったら先生と行き合って「えっぱえ背負ってえるね。」と云って笑いながら通りぬけた。(p. 147)

山びこ学校の子どもたちの生活においては、背負うことは身にしみこんだ技である。この背負うは、生活を背負うことでもある。自分の生活だけでなく、家族の生活を自分の背で背負っているという自覚がこの子どもたちにはある。背負うことは、実際の行動の上においても、また言葉の上においても重要な位置を占めている。「背負う」という動詞が、この子どもたちにおいてはリアリティをもって用いられている。

背負うことのコツを知る

背負うことは、一つの技である。重い荷物を背負うにしても、上手な背負い方と下手な背負い方がある。背負うには明確なコツがある。このコツを会得しているかいないかによって、背負うという技のレベルはまったく異なってくる。そのコツは、腰をしっかりと決めて、その腰で重さを支え

写真はどちらも運び屋・担ぎ屋を写したものだが、背負子（しょいこ）と呼ばれる背にあてて用いる長方形の木の枠を用いることによって、背を曲げずに大量の荷を背負うことができる。腰で担ぐ要領（コツ）を背負子は具現している。草鞋の緒が足の親指と人差し指の間にはまることで足の踏ん張りがより利くことになり、背負うことを助ける。この鼻緒の感覚と腰肚をまとめる帯の感覚が、重い荷を背負う背中と腰の感覚と結びついて相互に強化されている。左は『新版　写真で見る幕末・明治』、右は『ボンジュール　ジャポン』より。

るということである。腰で重さを支えることができれば、背骨や背筋に無駄な力を入れる必要がなくなる。腰が抜けた状態で背負えば、背中はまるまり背骨に大きな負担がかかる。

腰が上手に定まるためには、足の裏の踏ん張り方と膝の余裕のある曲げ方がポイントとなる。足の裏で大地を踏みしめる感覚を摑《つか》むことが背負う技にとっての大事なコツである。背負いながら移動するときに上下動が激しいと、からだにかかる負担が大きくなる。現在のようにアスファルトの道ではないでこぼこ道を、眠っている子どもを背負いながら歩くときなどには、上下動の少ない背負い歩きの技術がもとめられる。この上下動を少なくするためのポイントは、膝の柔軟な使い方である。膝を伸ばしたままでは、でこぼこ道での滑らかな背負い歩きはできない。地面からの衝撃を膝で吸収し、腰から上には振動を伝えないようにするまでには、ある程度の修練が必要である。膝の強靭で柔らかな使い方によって、いわゆる「腰が入った」状態が維持される。

背負うという技のコツは、背中の使い方以上に足と腰の使い方にある。「背負う」は、「踏ん張る」や「腰を入れる」という技をふくみこんだ複合技である。

背負われることで生まれるもの

背負われるときの安心感には格別のものがある。大学生を対象にして次のような質問をした。

「自分が幼児に戻ったとしたらだっこをされたいかおんぶをされたいか」。

六割ほどの者が「おんぶ」であった。次に、「お母さんにはだっこされたいかおんぶされたいか」

を聞いたところ、答えは五分五分であった。「お父さんにはどちらをしてもらいたいか」という質問に対しては、九割以上の者が「おんぶ」を望んだ。

父親の広いしっかりとした背中に身を預けて眠るときの安心感は、だっこをされて眠るときの安心感とは質的に異なる。だっこには包みこまれる安心感がある。親の意識や関心が自分にそそぎこまれているという温かな喜びがある。これに対して、おんぶのよさは適度な無関心である。眼差しは子どもに向けられることは少ない。見つめられることなく身を投げ出せることは、成長してからはなかなか経験することができない独特の安心感だ。

背負い背負われるという関係は独特な安心感を生み、からだに力を湧き出させる。背負われることで、生まれる力がある。言葉を手がかりに日本人の伝統的な身心観を研究している斎藤直美さんの報告「言葉にみる日本人の身心観」によれば、次のようである。

「ヘソ曲がり」や「おなかに力をいれて」という言葉がありますが、実際子どもが元気が無い時、おへソはペタンコで力が無く、抱くとフワッと軽いのです。子どもが幼稚園や学校で何かあって、朝「行きたくない」と言う時フワッと軽いのですが、しっかり抱っこやおんぶをしてあげると（コツはゆったりした気持ちで子どもの呼吸に合わせて自分も呼吸する――息を合わせる）どんどん重くなり、おへソに力が入ります。そして重くなった頃子どもは自分から「行ってきます」と出かけていきます。その間一言もいりません。おへソに力が入ったことで、状況は何も変わっていないのに、それが行きたくないほどのストレスではなくなってしまうようなのです。自分で乗り越えられる元気が出たということなのでしょう。逆に、おヘソに力が無いまま無理に行けば、いつもならなんでもない事も新たなストレスになってしまうかもしれません。「行きたくない」という子どもを叱咤《しった》激励して行かせるのは大変なことです。でも、おヘソに力が入りさえすればいいんだとわかった時、大事なのは空元気ではない本当の元気で、今、目の前にいる子が元気かどうか感じられることなのだと思うようになりました。

(「人体科学会第九回大会抄録集」より)

これは私自身も試してみたが、効果的であった。ぐずっている子どもをおんぶしてしばらく呼吸を合わせていると、しばらくすると子どものほうから降りていく。自分から降りたあとはぐずりは消えている。ぐずったり、へたりこんだりしているときには、言葉よりも背負うほうが効く。この場合、二つのからだの間でやりとりされているのは、記号としてのボディ・ランゲージではなく、身体感覚である。背負われたときの安心感の素晴らしさを身にしみこませている人間は、人を背負うことに対してもおそらく肯定的である。背負われた経験のある者が、次の世代を背負うのである。

次世代を背負えるか

背負うという技は、その独特な安心感とともに伝承されてきた。背負われた経験がほとんどなく育った人間は、背負われた経験のある人間よりも次の世代を背負うことに消極的になると思われる。背負うという技の伝承は、この二、三十年の間に危機を迎えているのである。

「背負う」という技の衰退がもたらす影響は、実際の背負う行為だけにとどまらない。より広い文脈や状況における「背負う」という動詞の用い方がある。「期待を背負う」や「責任を背負う」という表現は、「期待をされる」や「責任をもつ」という表現にはないニュアンスをふくんでいる。背負うという身体感覚の力強いニュアンスが、こうした、直接的には背負わない文脈における「背負う」という言葉にも生きているのである。柔道の無差別級世界チャンピオンである篠原信一は、シドニー・オリンピックへ向かう心構えを「背負う」という言葉を使って表現している。

お互いの力が似通っていて、競った時というのは、今まで練習してきたこと、今までの練習量、苦しい思いをどれだけ乗り越えてきたかということ、そういうものをすべてひっくるめて、オレの方が上回っている、絶対コイツには勝っているという〝気持ち〟で上回ることができるかどうかですよね。気合いとか、その場で出せる、ウォーッというような気迫も大切だけど、それだけじゃなくて。2年前に世界一に届かなかったのは、相手よりまだそういう自分の気持ちが足りなかったんじゃないかと思うんです。全部ひっくるめて、自分が背負っている気持ちは、今では誰にも負けてないと思ってます。（『Number』一九九九年一一月号）

ここで篠原が言う「自分が背負っている気持ち」という言葉は、心理的な意味で用いられているにもかかわらず、腰や肚の力強い充実感を感じさせる。篠原が使う背負うという言葉の基礎には、実際に、腰や肚に力をこめて背負うという身体感覚がたしかにあるからである。

同じように、山びこ学校の子どもが次のように「背負う」という言葉を使うときにも、背負うことが技になっているがゆえのリアリティの重さが感じられる。「ばんちゃんを安心させ元気づけるため『今ンぐんだ。おれえぶくってなのえねぜ。がんばってかせいでくるから』といって、むしろいっしょにふくざつな気持を背負って、葉煙草をかくためにアマガリへでかけた」(p.159)。

次章で詳しくとりあげる幸田文《こうだあや》の娘の青木玉は、『小石川の家』(講談社文庫)の中で、背負うことと自己形成を重ね合わせて記述している。

買い出しにも精を出した。お腹の足しになるさつま薯《いも》は一番嬉しいが、将を射んと欲すれば入用であろうと無かろうと相手の売りたい物を引き受けなければならない。牛蒡《ごぼう》、ほうれん草、人参などと同量のお薯が手に入れば今日は行った甲斐があったと言える。

母は荷造りがうまい。しっかりした包みを作る。背中に当る側にほうれん草を敷き、お薯を置いて外側を牛蒡で囲う。ほうれん草はクッションの役割をして薯のごつ〳〵を防いだ。初めて三貫目の荷物を背負って二里近くの道を帰ってくる時は、母に遅れないで歩くのが精一杯、難行苦行だったが、ちょうど子供から大人に変る成長期、日に〳〵重量運搬は成果があがった。

自分の背負った薯に依って私の自我は確立していった。(p.154-155)

現在の日本では背負うものが少ないことが好まれるが、人間の成長にとって、背負うものがあることはむしろプラスに働くことが多い。実際に背負う身体感覚が身にしみこんでいる場合には、背負った経験やイメージは、その後の人生の活力を支えることにもなる。

言葉とともに失われる豊かな身体感覚の伝統

以上、衰退しつつある動詞を手がかりにして伝統的な身体感覚の豊かな意味を見てきた。

精神は形がなく、手にとるようには統御しにくい、捉えどころのないものである。肉体を使って行う動作ははっきりと目に見えるものであり、また身体感覚としても相当に明確なものである。日本語の心や精神に関する表現は、実際のからだの動きの比喩として成り立っているものが多い。そうした動作にともなう身体感覚を手がかりとして自分や他者の心にアプローチしていくのが、非常に有効な、しかもメジャーなアプローチであった。しかし、からだの基本的な動き自体が衰退すれば、それにともなう身体感覚も衰えざるをえない。このことが、心や精神をコントロールする力という点において損失であることは否めない。

時代が変化すれば、言葉も変化するのは当然である。しかし、言語の中で動詞はもっとも死語となる率の低いものとされている。しかもこれまであげた動詞は、どれも些末《さまつ》な動詞ではなく基本的な動詞である。こうした動詞は、これまでの生活文化・身体文化において中心的な位置を占めてきたものである。そうした動詞が周辺的な地位に退いていくことによる精神への影響は、ほとんど指摘されることがないが、実は根底的なものなのではないだろうか。ここでは、かつての生活において中心的な位置を占めていた動きと身体感覚を身体文化として見直し、その衰退の意味を考える視点をもつことを試みた。

このほかにも、「失われゆく動詞シリーズ」をあげていけば、「包む」や「込める」や「削る」などをあげることができるであろう。動詞の数全体としては、英語をはじめとした外来語を日本語にアレンジして用いているので、総数はむしろ増えているのかもしれない。しかし外来語の弱点は、幼いころからの身体感覚と連動していない点にある。

情報社会においては、外来語をうまく日本語にアレンジして使いこなしていく能力は当然必要である。コンピュータ関連の英語の日本語へのアレンジの仕方の巧みさは評価されてよい。しかし、輸入されて千数百年の歴史をもつ漢語でさえも、身体感覚の喚起という点では大和言葉にはおよばない。大和言葉の基本動詞が衰退することの損失補塡《ほてん》をするだけの力を、私たちにとって浅い歴史しかもたない外来語にもとめるのは酷である。

ドンマイという言葉に典型的に見られるような日本語の開かれた性格は、これからいよいよ重要になるであろう。ここでの論は、そうした日本語の開放性を否定しようとするものではない。基本的な身体感覚が衰退している事実と、その重大な影響に注意を喚起することがねらいであった。

第三章　型と技を見直す——身体知の先人——

身体知の巨人——幸田露伴

型・技とはどのようなものであるか。これを明らかにするために、身体知の巨人として幸田露伴《こうだろはん》を見ていきたい。幸田露伴は尾崎紅葉《おざきこうよう》と並んで、紅露時代をなす文学者として知られている。もっとも知られている作品は、『五重塔』である。しかし現在では、幸田露伴の作品が読まれる機会はさほど多くはない。代表作の『五重塔』にせよ、現在の大学生の中でも読む者はまれだといってよい。露伴は和漢の素養があまりに豊富なためか、その文章は文語的すぎて現在の若者には読むのが難しい。したがって、現在の若者たちに幸田露伴が知られる機会は文学史の暗記事項の一つとしてでしかない。

幸田露伴はたしかに大文学者である。しかし私が考えるに、幸田露伴が二一世紀の日本においてもつ意義は、文学者として以上に、「身体知の巨人」としてである。身体知とは、実際にからだを動かすことを通して身につけられた知恵のことである。露伴は、大インテリであるが、同時に生活上の技術の達人でもある。理にかなった動きを技と呼ぶならば、露伴は生活上の技を数多く体得している。

露伴は娘の文《あや》にその生活の技を伝授した。幸いなことに、文は後に文学者となり、優れた文章でその当時の身体知の伝承を記した。その幸田文の文章から、身体知とは何か、またその伝承はどのようにして行われるのかがわかる。幸田文が残した露伴の身体知の伝承の仕方は、おそらく二一世紀の日本の身体にとって、もっとも重要なテキストの一つである。

露伴のスタイル――場と空間の教育力

露伴は兄弟の多い貧困の中に育った。その幸田家の三男として、朝晩の掃除はもちろん、米とぎ・洗濯・火焚きなどなんでもやらされ、いかにして能率をあげるかを工夫した。実際に事柄にあたって実験し、工夫するというやり方が露伴のスタイルであった。

露伴の文に対する指導は厳しい。本格的に掃除の稽古《けいこ》についたのは一四歳のことであった。たんに掃除を覚えるというのではなく、「掃除の稽古」である。露伴はまずその稽古場の選定から工夫する。緊張感のある空間を用いたのである。文は、こう書いている。

幸田文と青木玉親子。昭和 22 年ごろの撮影（写真提供：講談社）。

> 処は向嶋《むこうじま》蝸牛庵《かぎゅうあん》の客間兼父の居間の八畳が教室である。別棟に書斎が建つまでは書きものをする処にもなってい、子供は勿論、家人も随意な出入りは許されていなかった、いわばいかめしい空気をもった部屋であった。つまり家中で一番大事な、いい部屋なのである。玄関でなく茶の間でなく寝室でない、この部屋を

稽古場にあてられたことは、稽古のいかなるものであるかを明瞭にしている。十四といえば本当の利かん気の萌《も》え初める年頃である、これはやられるなと思い、要心し期待し緊張した。

（幸田文『父・こんなこと』新潮文庫、p. 94–95）

露伴は、場や空間のもつ教育力を理解していた。技の伝授に際しては、緊張感の共有が必要である。その緊張感を、学ぶ側の内面的な動機のみにもとめるのではなく、場自体がすでにもつ威厳や緊張感を補助的に利用するという点に教育者としての工夫がある。

身体の延長としての道具と物

「掃除の稽古」では、まず道具を手直しすることから始まる。

道具を持って来なさいと云われて、三本ある箒《ほうき》の一番いいのにはたきを添えて持って出る。見て、いやな顔をして、「これじゃあ掃除はできない。ま、しかたが無いから直すことからやれ」というわけで、日向水《ひなたみず》をこしらえる。夏の日にそれがぬるむまでを、はたきの改造をやらされ、材料も道具もすべて父の部屋の物を使った。おとうさんのおもちゃ箱と称する桐《きり》の三ッひきだしの箱があって、父専用の小道具類がつまってい、何かする時はきっとこれを持ち出すのである。鋏《はさみ》を出して和紙の原稿反故《ほごき》を剪る、折る。折りかたは前におばあさんから教えてもらったことがあるから、十分試験に堪えた。団子の串に鑢《やすり》をかけて竹釘にする、釣綸《つりいと》のきれはしらしい渋引《しぶひき》の糸屑で締めて出来上がり。さっきのはたきとは房の長さも軽さも違っている。「どうしてだか使って見ればすぐ会得する」と云われた。箒《ほうき》は洗って歪みを直した。第一日は実際の掃除はしなかった代わりに、弘法筆を択ばずなんていうことは愚説であって、名工はその器をよくすというのが確かなところだということを聞かされた。(p. 95)

この道具や物に対するこだわりは、露伴の身体知にとって本質的なことである。露伴にとっては、物や道具は商品ではない。物は自分の身をもって接する道具である。それはたんなる一般的な物ではなく、修練を通じて、自分の身体の延長ともなるものである。いわゆるブランド商品のように、ブランドという記号が消費されるような物との関係の仕方とは異なる。技は、身体の動きの習慣の集積であり、身体図式の形成である。使い慣れた杖やラケットの場合は、その先までが微妙な感覚を伝えるセンサーになっている。道具が変われば、それまでの身体の習慣がずらされることになる。道具と技《わざ》は不可分の関係にあることを、露伴はまず教えたのである。

次に、箒やはたきを実際に用いる際の動作のコツについての指導に入る。露伴はまず文にやってみさせる。うまくできない文に対して、露伴は厳しい要求をする。

「煤の箒で縁側の横腹をなぐる定跡《じょうせき》は無い。そういうしぐさをしている自分の姿を描いて見なさい、みっともない恰好だ。女はどんな時でも見よい方がいいんだ。はたらいている時に未熟な形をするようなやつは、気どったって澄ましたって見る人が見りゃ問題にゃならん」(p. 95–96)

この「未熟な形」とは、見た目の悪さとともに、動きが理にかなっていないことを指摘している。習熟によって得られた合理的な動きは美しいという確信が、露伴にはある。

厳しい指摘をされ、反抗的な感情を芽生えさせる文に対して、こう言う。

「ふむ、おこったな、できもしない癖におこるやつを慢心外道《まんしんげどう》という。」外道にならない前にあっさり教えてくれろと、不敵な不平が盛りあがる。私ははたきを握りしめて、一しょう懸命に踏んばっている。「いいか、おれがやって見せるから見ていなさい。」房のさきは的確に障子の桟《さん》に触れて、軽快なリズミカルな音を立てた。何十年も前にしたであろう習練は、さすがであった。技法と道理の正しさは、まっ直に心に通じる大道であった。かなわなかった。感情の反撥はくすぶっていたが、従順ならざるを得ない。(p. 96)

自分の型を見つけられるか

ならい練られた動きには、「技法と道理の正しさ」がある。これが型・技のもつ良さである。

型は、「型にはまった」という形容であらわされるときは、現実に対して柔軟性がないという否定的意味合いである。一方で、一流のスポーツ選手のプレーに関して「自分の型をもっている」という表現がなされるときは、肯定的な意味合いをもつようになる。

型の効用は、現実の状況に対して有効なパフォーマンスを生み出しうるかどうかによって評価される。したがって、型それ自体がいいか悪いかを論じることは妥当ではない。現実との関係において、優れた型とそうでないものが区別されるだけである。

たとえば武道では、「三年稽古するよりも、三年かけて良い師を探せ」ということが言われることがある。流派によって、基本となる型は異なる。現実に対して有効性の少ない型を反復練習によって身につけてしまった場合には、その誤りを正すのに時間がかかってしまう。有効でない型を身につけるよりは、まだ癖がついていない状態でよい型に出会うほうがましだということである。

基本を大事にするべきだとは誰もが言うことである。しかし、自分自身にとって有効な基本は何かを設定する力がより重要である。自分自身で基本を設定できないとしても、基本を体現している師を評価する眼は必要である。

型に人気があまりないのは、最近起こった現象ではない。江戸時代のように、社会変動が比較的緩やかな場合には、定められた作法に従うことがシステム全体にとって有効である。しかし、社会の流動性が増した場合には、それまでの、型にはまった作法や型にはまった考え方では、システム全体が行き詰まる。そこでは、型を破ることがもとめられる。

幕末から明治維新にかけての急激な社会変動は、型や作法のもつ意義を根本的に変えた。大正時代の自由思想は、型の凋落《ちょうらく》に拍車をかけた。その上、その後の戦時体制における統制や軍隊の規律の悪いイメージが、型全体におよぼされ、型は壊滅的な打撃をうけた。

人を自由にし、活性化させる型

型は通常は、自由を制限するものと考えられている。しかし、それがよい型であれば、人を自由にするものである。手紙の書き方の型をある程度知っていることによって、むしろ手紙は書きやすくなる。礼を型としてある程度把握していることによって、相手の心理を常にはかる必要は必ずしもなくなる。およそ妥当とされている人間関係のルールを守ることによって、人間関係上のストレスをむしろ減らすこともできる。

型のひとつの特徴は、型の意味をすべて理解する以前に反復することがもとめられる点にある。意義がわからないとしても、それを繰り返し反復練習し、身体に技として身につけることがもとめられる。型は、その型の効用を身をもって知っている人間が、それをまだ知らない人間に対して強制力をもって習わせるものである。したがって、型はそもそもが教育的概念である。これが、型とたんなる形との違いでもある。

型はその上、一瞬の姿形ではなく、一連の行為の流れをもふくむ。行動のプログラムも型なのである。複数の動きの形の間の関係を、しっかり意味づけているのが型である。

型は、人間の感覚を鈍磨させることもある。しかし、型の本来の意義は、フィードバック機能を活性化させることにある。

型という機能美

現実は常に変動しており、身体の動きも流動的である。型は、混沌《こんとん》とした世界に座標軸を立てるようなものである。現実の世界には基準線は存在しないとしても、そうした基準線を設定することによって、バラバラなものが位置づけられる。基準線があることによって個々の座標が定められ、それが基準線からどの程度のズレなのかを確定することができる。

型は、個々の動きのズレを修正するための基準線である。一回一回の動きがどの程度のズレ方を相互にしているのかということは、型という基準線をもつことによって効率的にフィードバックされる。型をもたない場合には、直前の動きとの相対的な比較にとどまる可能性が高い。

たとえば、空手や剣道の動きの型に関して言えば、百回目と百一回目は同じことの繰り返しではない。それぞれが型という基準線に照らして、どれほどズレていたかがはかられるのである。初心者であれば、そのズレが数センチであることもあるだろうし、上級者になれば、そのズレをミリ単位で感じることもできるようになる。

複雑に散乱する現実の行為をとりまとめていく秩序化の機能が、型にはある。型は、現実のさまざまな動きの中で、もっとも機能的でなおかつ美しい動きをめざして設定されることが多い。その点では、型は数学的な美学をもっている。混沌とした現実を、できる限りシンプルな原理によって説明しようとする数学の美意識は、優れた型を設定しようとする意志と通じる。

型を身につけた動きが、ある種の折り目正しさを感じさせるのは、型のもつこのような数学的な美意識による。無駄なものをそぎ落としていったところにあらわれる機能美が、型にはある。機能美を原理的に追究していけば、異なる領域の動作にも共通の型があらわれるようになる。

幸田文は父露伴の掃除の姿について次のように書いている。

父の雑巾《ぞうきん》がけはすっきりしていた。のちに芝居を見るようになってから、あのときの父の動作の印象は舞台の人のとりなりと似ていたのだと思い、なんだか長年かかって見つけたぞという気がした。白い指はやや短く、ずんぐりしていたが、鮮やかな神経が漲《みなぎ》ってい、すこしも畳の縁に触れること無しに細い戸道障子道をすうっと走って、柱に届く紙一ト重の手前をぐっと止る。その力は、硬い爪の下に薄くれないの血の流れを見せる。規則正しく前後に移行して行く運動にはリズムがあって整然としてい、ひらいて突いた膝ときちんとあわせて起てた踵《かかと》は上半身を自由にし、ふとった胴体の癖に軽快なこなしであった。「わかったか、やって見なさい」と立った父は、すこし荒い息をしていた。後にもさきにも雑巾がけの父を見たのはこの時だけである。

身のこなしに折り目というかきまりというかがあるのは、まことに眼新しくて、ああいう風

木村伊兵衛の撮影した「和裁　増田亀吉」。見事な腰の決まり方である。上半身であれこれと作業をしても、腰から足の先まではぴたりと決まって動かない、そうした足腰の強さと身体感覚の高さが、はっきりと形になってあらわれている。腰肚文化の伝統を引き継いでいない身体がこの姿勢をとったとすると、不自然で仕事にならないであろう。見事な技化された姿勢である。右足の部分だけを残し、残りの部分を手で隠してこの写真を見てみると、この足の決まり方の素晴らしさがいっそう如実に見えてくる。手のように明確な意思をもったものとして、しかも手よりもいっそう強靭なものとして、不思議な迫力をもって迫ってくる。足の指先から膝・腰・背骨・首・手の先までが、それぞれ独立しつつ統合されたトータルな身体感覚である。それをとりまとめているのは、やはり腰肚文化である。

にやるもんなんだなと覚えた。(p. 103-104)

動きをどう無意識化するのか

リズムがあって整然としており自由な動きをも保証するという機能性と合理性が、ここでは折り目正しい型をもった動きのよさとしてとりあげられている。おそらく露伴の場合は、型をたんに杓子定規《しやくしじようぎ》に行っているというよりは、型のもつポイントを押さえた上で自分の体形にも合わせてアレンジをくわえ、より自分にとって機能的な型にしていると推測される。露伴風のアレンジが入った型は、露伴スタイルと呼べるものである。

型は、無意識と意識の境を往復するものである。通常は無意識に行ってしまっている行為に対して、型を導入することによって行為が意識的なものとなる。たとえば、それが作法である。これに関して、幸田文が次のように書いている。

この雑巾がけで私はもう一ッの意外な指摘を受けて、深く感じたことがある。それは無意識の動作である。雑巾を搾《しぼ》る、搾ったその手をいかに扱うか、搾れば次の動作は所定の個処を拭くのが順序であるが、拭きにかかるまでの間の濡れ手をいかに処理するか、私は全然意識なくやっていた。「偉大なる水に対って無意識などという時間があっていいものか、気がつかなかったなどとはあきれかえった料簡《りようけん》かただ」と痛撃された。云われてみれば、わが所作《しよさ》はまさに傍若無人なものであった。搾る途端に手を振る、水のたれる手のままに雑巾を拡げつつ歩み出す、雫《しずく》は意外な処にまで及んで斑点《はんてん》を残すのである。更に驚くべきことには、そうして残された斑点を見ぐるしいとも恥ずかしいとも、てんで気にさえならず見過ごしていたことである。(中略)「おとっつぁんがうるさいなんと思えば大違いだ、お茶の稽古に行って見ろ、茶巾《ちゃきん》を搾って振りまわしたり、やたらに手みずを引っかけていいという作法は無い。わたしの云うところはあたりまえ過ぎるくらいあたりまえだ。」という。(p. 105)

通常は無意識に行ってしまっている効率のよくない動きをいったん意識化し修正する。そして、型を通して合理的な動きが習慣とされることによって、その動きは意識的にしなくとも出るようになり、無意識の領域に帰っていく。

「限定する」ことの意味

型と技の本質は、限定することにある。限定することとは、不自由な非生産的なイメージで捉えられやすい。しかし、限定することによって生み出される力というものがある。ホースの蛇口を細く狭めることによって、水量が同じでも水の飛ぶ勢いが増し、絞りこむ前には届かなかった地点にまで水をとばすことができる。

こうした限定することの意味を深く知っていた人物として、ゲーテがいる。エッカーマンの『ゲーテとの対話（上）』（山下肇訳、岩波文庫）には次のようなゲーテの言葉がある。「結局、最も偉大な技術とは、自分を限定し、他から隔離するものをいうのだ」（p. 197）。ゲーテはエッカーマンに対して、いつもどんな横道にもそれないように注意し、常にただ一つの専門に集中するように心がけるようアドバイスしていた。

あるときエッカーマンが、ゲーテに最近どんな仕事をしているかと問われて、イギリスの雑誌にドイツの散文についての批評を書く仕事を頼まれていると答えた。ゲーテは、そのような仕事をするために必要な勉強がエッカーマンにとって有益なものではないと判断し、次のように言っている。

いや、今も言ったように、その申出には断わり状を書きたまえ。君の進路にふさわしくないのだからね。要するに、君は、散漫にならぬよう注意して、力を集中させることだよ。私にしたところで、三十年前にこれだけの賢明さがあったなら、まるっきり別の仕事をやっただろう。シラーと一緒に『ホーレン』や『年刊詩集』にかかずらわって、どれほど時間を浪費してしまったことだろう。ちょうど最近シラーと交わした手紙を読み返してみて、すべてがありありとよみがえってきたが、あの企画を思い出すと、嫌な気持にならずにはおれない。世間からは、悪用されるし、われわれ自身にとってもなに一つ成果がなかった。もちろん、才能のある人間は、他人《ひと》がやっているのを見ると、自分にもできると思いこむものだが、じつはそうではない。いずれ自分の濫費を後悔する破目におちいる。髪を一晩だけちぢらせたところで、なにになる

だろう？　紙を髪の中に入れてあるだけのことで、次の晩には、もう元どおり真直に伸びてしまう。（p. 161）

ゲーテは、神に愛でられた人間と呼ばれ、多領域にわたる莫大な才能の持ち主である。そのゲーテが限定することの意義を強調することは、注目に値する。ゲーテは自分自身に対して冷めた目をもっている。ゲーテは自分自身が絵を描くという野心をもっていたが、そうした造形芸術を実際にやってみようという傾向をもともと間違ったものだったと言っている。長年の念願であったイタリア旅行をしたときに、ラファエロのような巨匠の作品を見たことで、絵を実作する楽しみを破壊してしまったと語っている。

造形芸術だけでなく、ゲーテの本領である詩作や戯曲に関してもゲーテは冷静である。シェークスピアについてゲーテはこう言っている。

「シェークスピアは、銀の皿に金の林檎《りんご》をのせて、われわれにさし出してくれる。ところがわれわれは、彼の作品を研究することによって、なんとか銀の皿は手に入れられる。けれども、そこへのせるのにじゃがいもしか持っていない。これではどうにも恰好がつかないな」（p. 213）。エッカーマンも笑ってこの見事なたとえ話を喜んだ。

基本をどう維持するのか

本当に価値のある巨大なものを自分の尺度としてもち、自分の仕事を的確にはかる冷静な目をゲーテはもっている。ゲーテは劇場での実際の演劇指導も行っていた。その演劇指導の難しさについてこう語っている。

その場合むずかしいのはあまり本質的でないことにはこだわらず、しかも自分の一段と高い原則から離れないようにするという点だ。この一段高い原則というのは、すぐれた悲劇やオペラや喜劇の立派なレパートリーのことで、それを確かなものと考え、固く守っていくことが大切なのだ。本質的でないことといったのは、観客の見たがる新作とか客演とか、それに類したいろんなことだよ。そんなことのために邪道を歩かされないよう、たとえそれをやってもいつもすぐまた自分のレパートリーに戻らなければだめだ。現在では、まことにいい作品には少しも事欠かないのだから、専門家にとってすぐれたレパートリーをつくることぐらい朝飯前のはずだ。しかし、レパートリーを維持することの方が、はるかにむずかしいよ。(p. 229-230)

レパートリーを維持することの難しさは、型や基本技を維持することの難しさである。型や基本技とされるのは、本質的に非常に質の高い動きである。したがって、それを正確に反復できるようにしておくためには修業が必要である。ゲーテは、質の高い本質をふくんだレパートリーを自分の基本技としてもつことの意義を強調している。レパートリーを上演することは、通常はひとつの表現行為でありパフォーマンスそのものであると捉えられている。
しかし、ゲーテはこの上演を自分にとっての稽古とも捉えている。上演するためには当然それに向けて稽古をする。それだけでなく上演そのものも、長い自分の芸術活動にとってはひとつの稽古なのである。自分を常に一段高いところにひきあげてくれるのが、理想の型であり基本技である。ゲーテはこう言う。

シラーと一緒に劇場監督をしていたころは、われわれは、恵まれたことに、夏中ラウホシュテットで上演することができた。ここには、すぐれた作品でなければ見ようとはしない選りすぐりの観客がいたから、われわれがいつでも一流の作品をここで稽古しては、ヴァイマルへ戻ってきて、こちらで冬のあいだ中、夏期興行をくりかえすことができたわけだ。(p. 230)

ここでは一流の観客は、自分たちの活動の質を磨きあげるための砥石である。ゲーテの言う「一段と高い原則」をしっかりもち、固く守っていくこと。これは、型や技の考え方と共通する。

本質を凝縮させる

型や基本は、本質の凝縮である。各領域には、その領域の本質を凝縮してふくみこんだ偉大な作品や行動が存在するものである。それを典型として自分の技にしていくことによって、その領域の他のものについても応用が利くようになる。その典型が普遍性をもつものであれば、他の領域にも原理が応用可能である。

価値基準の変動が激しい状況においては、古典芸能としてくくられる場合を除けば、絶対的な型は存在しにくい。そのような状況では、「自分にとって重要な型あるいは基本技は何か」ということを見抜く力が必要とされる。その上で、自分がいつもそれを使えるように技化《わざか》するプロセスがより一層重要である。

限定の技術

ゲーテの限定することの意義の考え方に関して、もう一つ触れておきたい。ゲーテは限定を強調しているとはいえ、自分自身は詩人であり戯曲家であり小説家であり思想家であり自然科学者であった。その多彩な活動を見れば、限定せよという主張はゲーテ自身には合わないように見える。しかし、エッカーマンは、ゲーテ自身もこの限定の技術を使っていると言う。その理解の鍵は洞察と活動の区別にある。

そもそも、洞察と活動とは、しっかり区別されなければならない。芸術と名のつくものは、すべて実際にそれをやりだすとなると、じつに困難なものともいえるし、偉大なものともいえ

> るのであって、大家の域に達するには、おのれの一生を賭けなければならないということをよくよく考えるべきである。
>
> ゲーテにしても、つとめて多面的な洞察を得ようと努めたが、活動面では、ただ一つのことに自分を限定した。唯一の技術だけに打ちこみ、しかも大家にふさわしくなるまでに打ちこんできた。すなわち、ドイツ語で書くという技術である。彼が表現した素材が、多面的な性質をもっていたということはまた別の問題である。(p. 195)

型とは何なのか

型は、非常に高レベルに達した者のパフォーマンスを凝縮したものである。現実の動きとして、そのまま用いることのできる型もあるし、現実の型をよりよくするための練習の役割を果たす型もある。型は、重要な基本が凝縮されているものなので、それを反復練習することによって自然と基本が身につくことになる。型がもつ豊かな意味をたとえ知らなくとも、自然に基本が身につくのである。からだの中に習慣として身につけられた動きのもつ意味を、後に発見することもよくある。

型は明確な規定がなされているので、個人のセンスや発想がそれほど豊かでなくても一定の成果をあげることができる。学習者のほうだけでなく、教師の側も型が存在することによって、教授するセンス（感覚）がたとえ優れていないとしても、一定レベルの指導がなしうる。むろん、型を通しての指導・学習のプロセスにおいても、双方のセンスや意識の高さは重要な要件である。型は、意識をどのようにもち、どこに焦点を当てて反復練習するかによって、価値が異なってくるからである。

技をまねる・盗む

型の場合は明確な規定があるのに対して、技のコツと呼ばれる次元に関しては、学ぶ側が盗むことがもとめられる。「見習い」や「見取り稽古」という言葉があるように、見て技をまね盗むことは、技の修得において基本とされてきたやり方である。まねる力と盗む力が、技の修得にとっては重要であるとされてきた。

「まねる力」と「盗む力」はもちろん関係しているが、あえて両者を区別して用いるとすれば、次のようになる。

まねる力は〈間身体的《かんしんたいてき》想像力〉に基づくものであり、盗む力は明確な方法的意識に基づくものである。〈間身体的想像力〉とは、身体と身体の「あいだ」で交される想像力であり、相手の身体を自分の身体のように感じとる力である。イメージとして他者の動き全体を自分の身体に重ね合わせる力が「まねる力」である。「盗む力」のほうは、ある程度課題がはっきりしている上でポイントを絞って動きを捉える力である。

初心者でもまねることはできる。しかし、盗むことは、ある程度のレベルになった者がする行為である。技を盗むことは上達に関しての方法的な意識を基礎にしている。したがって、ある年齢以下の者に必ずしももとめられる力ではない。これに対してまねる力のほうは、幼い子どもの場合でも可能である。

典型的な例は、戦前までの社会では基本となっていた素読《そどく》という方法である。素読の場合は、意味を理解する前に、語句を暗誦することがもとめられる。頭にではなく、からだにたたきこむ、あるいはしみこませるというイメージである。古典の素読は、古典の価値が明白であるからこそ可能であった。現在は、何が古典であるのかという価値判断自体が混迷している。古典は、その意味の理解以前に反復練習して身につけられるべきものであるという点で、「型」と同質のものである。

古典の素読という文化

古典の素読による暗誦は、型の教育の典型である。暗誦することの意義は、現在強調されることが少ない。それにはいくつかの要因がある。一つには、自分自身が暗誦をした経験がない世代が親になっているということである。暗誦をした経験のある世代は、暗誦したことがどれほどその後の人生にとって有意義であったかを実感している。しかし、敗戦の影響によって、かつての型にはめられた教育が全面否定され、戦後は暗誦の意義を強調する社会的文脈をつくるのは難しかった。古典の素読という教育方法は、ここで断絶したのである。

これは、文化の継承という点で大きな損失であった。意味を理解できるものだけを学習内容とするならば、小学校段階までは教材自体が子ども向けの幼稚なものとならざるをえない。大人が生涯かかっても、その意味を理解しきれないほどの豊かな意味を内包した古典に小学生が出会うことはなくなる。美術教育や音楽教育では、幼いころにいかに本物に出会わせるかが重要であることは共通認識となっている。これに比べて、暗誦することは重要な位置をあたえられていない。

それは、暗誦が基本的に強制によって成り立つ学習形態だからである。意味がわからない文を反復して記憶することは、基本的に苦痛であると考えられているが、現実には必ずしもただ苦痛であったというわけではない。暗誦には、身体を心地よく揺さぶる韻律やリズムがあるからである。杉本鉞子『武士の娘』(大岩美代訳、筑摩書房)の暗誦についての文を引用したい。

当時、女の子が漢籍を学ぶということは、ごく稀れなことでありましたので、私が勉強したものは男の子むきのものばかりでした。最初に学んだものは四書—即ち大学、中庸、論語、孟子でした。

当時僅か六歳の私がこの難しい書物を理解できなかったことはいうまでもないことでございます。私の頭の中には、唯たくさんの言葉が一杯になっているばかりでした。もちろんこの言葉の蔭には立派な思想が秘められていたのでしょうが、当時の私には何の意味もありませんでした。時に、なまなか判ったような気がして、お師匠さまに意味をお尋ね致しますと、先生はきまって、「よく考えていれば、自然に言葉がほぐれて意味が判ってまいります」とか「百読自ずから其の意を解す」とかお答えになりました。ある時「まだまだ幼いのですから、この書の深い意味を理解しようとなさるのは分を越えます」とおっしゃいました。

正しくその通りだったわけですが、私は何故か勉強が好きでありました。何のわけも判らない言語の中に、音楽にみるような韻律があり、易々と頁を進めてゆき、ついには、四書の大切な句をあれこれと暗誦したものでした。でも、こんなにして過したときは、決して無駄ではありませんでした。この年になるまでには、あの偉大な哲学者の思想は、あけぼのの空が白むにも似て、次第にその意味がのみこめるようになりました。時折り、よく憶えている句がふと心に浮び雲間をもれた日光の閃きにも似て、その意味がうなずけることもございました。(p.17)

身体知としての教養

自分の身の内にすでに蓄えられたものの本当の意味や価値が、人生のふとした場面で明らかになってくる。こうした経験は、何にもまして幸福なことではないだろうか。そこには、幼少期の学びと老年期の学びを結びつける道が存在する。自分の人生の連なりを証明する道の存在は、生きている意味の実感につながる。幼少期の自分が老年の身の内にも生き続けているという実感によって、生は肯定される。

暗誦した古典は、いわば土に埋められた宝石である。それが人生の節々でとりだされ、輝きを放つのである。暗誦をしていない文は、それを学習したときに意味をどれほど理解していようとも、こうした埋蔵された宝石にはならない。自分の身の内にどれほどの宝石が埋められているかは、その後の人生を豊かに過ごす上でとりわけ重要な意味をもってくる。

暗誦することの軽視は、数十年の人生のスパンで学習の意味を考えない態度からきている。幼いころの暗誦は、いわば表面にあらわれない地下の水脈のようなものである。それは通常は表にあらわれないが、時折、表面に湧き出しては身を潤してくれる。

幼いころに見たり触れたりした風景が心の心象風景となり、その後の人生の折々に立ちあらわれることがある。こうした原風景は、心を潤してくれる。原風景は、印象的な一度の経験で得られることもあるが、何度も繰り返し見たものが原風景となることが多い。暗誦することは、言語の原風景作りである。湯川秀樹は、五、六歳のときの漢学の素読の経験について、『旅人』(角川文庫)の中でこう言っている。

まだ見たこともない漢字の群は、一字一字が未知の世界を持っていた。それが積み重って一行を作り、その何行かがページを埋めている。するとその一ページは、少年の私にとっては怖ろしく硬い壁になるのだった。まるで巨大な岩山であった。「ひらけ、ごま!」と、じゅもんを唱えて見ても、全く微動もしない非情な岩壁であった。夜ごと、三十分か一時間ずつは、必ずこの壁と向いあわなければならなかった。祖父は机の向う側から、一尺を越える「字突き」の棒をさし出す。棒の先が一字一字を追って、「子、曰く……」私は祖父の声につれて、音読する。「シ、ノタマワク……」素読である。けれども、祖父の手にある字突き棒さえ、時には不思議な恐怖心を呼び起すのであった。

暗やみの中を、手さぐりではいまわっているようなものであった。手に触れるものは、えたいが知れなかった。緊張がつづけば、疲労が来た。すると、昼の間の疲れが、呼びさまされるのである。不意に睡魔におそわれて、不思議な快い状態におちることがある。と、祖父の字突き棒が本の一か所を鋭くたたいていたりした。私はあらゆる神経を、あわててその一点に集中しなければならない。辛かった。逃れたくもあった。寒い夜は、坐っている足の指先がしびれて来たし、暑い夕方は背すじを流れる汗が、気味悪く私の神経にさわった。（p.46-47）

漢字を習い覚えることは、すでに型の教育である。漢字の成り立ちを多くの者は知ることなく、漢字を覚えていく。我々は通常は漢字を道具としてしか捉えていない。文章を書く場合に、意味を伝えるための道具として考えている。

しかし、漢字の一字一字は、巨大な文化的意義をもっている。そこには凝縮された深い思索がこめられている。漢字はそれ自体が巨大な文化遺産である。漢字を数百数千覚えているということは、自分の心に宝石を数百数千埋めこんでいるのと同じことである。ただし、それを道具としてのみ用いるならば、その宝石の輝きを楽しむ機会は訪れない。

漢字が文化遺産であることは、たとえば、藤堂明保《とうどうあきやす》や白川静らによる漢字の原義の研究を見れば明らかである。一字一字の成り立ちに、深い経験と思索がこめられている。中にはすばらしい身体感覚に基づいている字も多い。しかし、私たちは漢字を型として身につける習慣はもっているにもかかわらず、その本当の意義を、その後の人生において楽しむプロセスが通常は欠けているのである。漢字を文化ではなく道具としてのみ捉える見方が、その一因である。漢字をリズムある暗誦を通して身につけている場合は、文化の文脈に漢字が置かれているので事情が異なる。

湯川は自分の素読の経験を次のように評価している。

私はこのころの漢籍の素読を、決してむだだったとは思わない。戦後の日本には、当用漢字というものが生れた。子供の頭脳の負担を軽くするには、たしかに有効であり、必要でもあろう。漢字をたくさんおぼえるための労力を他へ向ければ、それだけプラスになるにはちがいない。しかし私の場合は、意味も分らずに入って行った漢籍が、大きな収穫をもたらしている。その後、大人の書物をよみ出す時に、文字に対する抵抗は全くなかった。漢字に慣れていたからであろう。慣れるということは怖ろしいことだ。ただ、祖父の声につれて復唱するだけで、知らず知らず漢字に親しみ、その後の読書を容易にしてくれたのは事実である。(p. 48-49)

現在の状況で湯川秀樹が行った修業のような素読を、そのままとりいれることはもちろんできない。しかし、現在の教育において軽視されがちな「身体知としての教養」の意義を再考するためには、素読や暗誦の伝統は重要な手がかりとなる。

技とは何なのか

技《わざ》について、本質的でなおかつ納得しやすいのは、南郷継正《なんごうつぐまさ》の技論である。南郷は、自分自身が空手家であり、弁証法の論理を武道の論理に応用している。南郷は、技をプロセスとして捉える。技の創出、保持、使用というように、技を身につけていく過程を段階的に捉える。

南郷の技の中でもとりわけ説得力をもつのは、「量質転化」という概念である。量質転化はもともと弁証法の概念である。その意味は、量がある一定程度に達すると質的な変化を引き起こすというものである。これは、経験に即してみれば理解しやすい概念である。たとえば、自転車に乗ることができるようになるまでには、試行錯誤しながら反復練習する過程が必要である。その反復練習が一定程度に達したとき自転車に乗ることができる。いったん乗るコツを把握してしまえば、生涯にわたってそのコツは維持される。ある一定量の積み重ねの果てに質的な変化が起こるのである。

南郷の量質転化という考え方の中でも最も印象的であったのは、その具体的な回数が示されていたことであった。武道の技の修得には、万単位の反復練習が必要であるとされていた。二万回という具体的な数字を示されると、技の修得の厳しさを知らされるとともに、靄《もや》のかかったような技のイメージに具体的なアプローチがあるという安心感をあたえられた。

武道の世界にはとかく秘技や奥義についての伝説的な話が多くあり、非科学的な説明の仕方がむしろ歓迎される空気がある。そうした空気の中で、万単位にせよ具体的な数字が示されることは、目標をもちやすくしてくれる。量質転化という考え方を得ることによって、反復練習への勇気と展望を得ることができる。万を越えて練習すれば、質的に変化するときがくるのだという確信があることによって、通常ならば数百回数千回であきらめてやめてしまうところを続けることができる。

質的に変化するという確信をもてない場合には、数百数千の反復のところで他の技の反復に移ってしまう。いろいろな技を試していくだけで一つの技を万単位で反復することがないならば、自分の得意技をもつことはできない。得意技をひとつもつことが、どれほどの鍛錬を必要とするかを南郷は強調する。得意技とは、相手にその技が知られて警戒されていたとしても、その技がかかるレベルのものをいう。その得意技の形に入れば、ミスなく完璧に技がかかるのが得意技である。

自分の得意技をもてるかどうか

柔道を例にとれば、あの山下泰裕《やすひろ》の得意技は内股《うちまた》であり、古賀稔彦《こがとしひこ》は背負い投げ（一本背負い）、吉田秀彦は内股であった。これらの選手が長期にわたって世界の第一線で活躍し続けられたのは、得意技を磨き抜いたからである。柔道の練習に打ち込みと乱取りがある。打ち込みはあらかじめ決まった一つの技を反復してかける練習である。乱取りは、ボクシングのスパーリングにあたるもので、おたがいに技を自由にかけ合う試合形式に近い練習である。

吉田秀彦は、自分の得意な組み手をもっており、その組み手になれば決める自信をもっている。そうした「自分の組み手」は、どのようにしてつくられたのか。吉田が稽古で重視したのは、乱取りではなく打ち込みであった。吉田はこう言う。「基本だから、一番大切なんですよね。乱取りより、気持ちを入れた打ち込みをする方がきつい。楽な打ち込みならば、いくらでもできますよ。相手を考えながら、組み手を変えてみたりとメンタルトレーニングもできる。学生を見ていると打ち込みを重視していない。組んで乱取りこそが練習だ、と思っているみたいで」（Number 四九五号、p.87）。

乱取りは、相手との力関係に左右される。一瞬一瞬の状況も常に変化する。試合に近い形式なので、実戦的であると感じられやすい。しかし、状況が刻々変化する中で自分の型をつくっていくのは非常に難しい。一人で練習している場合でさえも身につきにくく崩れやすい技を、変化する状況の中で修得していくのはさらに困難である。むしろ技をかける条件を一定にしておいた上で、その技をかける場合のバリエーションを意識の中でさまざまに考え合わせながらする打ち込み稽古のほうが、技をつくるのには適している。

打ち込みは、一見実戦的ではないが、実戦のぎりぎりの場面で使える技を磨いているという点で、むしろ乱取りよりも実戦的であるといえる。三大会連続のオリンピック出場を賭けたシドニー・オリンピックの選考大会の決勝において、吉田はぎりぎりに追いこまれた状況において技を決めた。そのときの吉田の「一度でも自分の組み手になれば決められる、の自信はありました。そのワンチャンスを待っていた。ワンチャンスがなければ、負けていたでしょうね」（p.88）という言葉は、自分の組み手をつくりあげた者の強みをあらわしている。

型を通して土台をつくる

目先の小さな勝ち負けにこだわらずに、型の反復練習を通して土台をつくっていくという考え方は、伝統的な武道・芸道には共通するものである。スポーツ化したり、技が開発されたりする状況では、自分の型をしっかりつくっていくことが以前よりも難しくなってきている。自分にとっての重要な型を、自分で設定し直す力ももとめられてきている。自分にとっての基本をもつことが、一流とそれ以外をわける。あるプロゴルファーによれば、「プロとアマをわけるのは、不調に陥ったときに立ち戻る基本をもっているかどうかだ」という。その基本はたんなる注意事項ではなく、反復練習によってからだに沈澱《ちんでん》した動きである。

基本は、限定することに意味がある。二〇、三〇という数になれば、それはもはや基本とは呼べない。調子を崩したときに立ち戻る基本を、チェック・ポイントと言い換えてみよう。プロ野球史上最高の技術をもつイチローは、三つのチェック・ポイントをもっているという。その三つをチェックすることによって、崩れを直すことができる。私見であるが、チェック・ポイントは通常は三つまでが限界だと思われる。通常の人間がプレッシャーのかかる状況で確認できる事柄は、三つ程度だからである。

チェック・ポイントを三つもつようになるためには、ポイントの絞りこみのプロセスが不可欠である。複雑なパフォーマンスであれば、注意事項は言語化すれば百や二百を優に越える。それを一つずつチェックする余裕はない。またそれを一つずつチェックしていっても、それを統合する働きがなければ、バラバラな動きになってしまう。

チェック・ポイントをつくるコツは、上手にポイントを限定することにある。たとえば、チェック・ポイントをＡＢＣの三点として考えてみよう。このチェック・ポイントＡＢＣは、それぞれ質的に異なるものである必要がある。Ａと同種のものは、そのグループの下位集団のa_1 a_2 a_3、Ｂと同種のものはb_1 b_2 b_3といったように、細かな注意事項はＡＢＣの下にとりまとめられるのが理想である。

ＡＢＣはいわば三脚の三つの立脚点である。それぞれが適度な距離を保って設定されることによって、相当な力がかかっても安定を保つことができる。三点が直線に近く並んだ場合には倒れやすい。直線に近いということは、三点の同質性が高すぎることを意味する。似たようなチェック・ポイントばかりでは役に立たない。各点の幅が近すぎれば、揺さぶりには耐えにくい。できるだけ距離の離れた地点に正しく三点を設定することによって、さまざまな状況に対応する応用力が高くなるのである。

基本となるポイントの設定は、言葉を換えれば座標軸の設定である。ｘ軸に対してｙ軸が垂直に設定されることによって、平面上の点はすべて座標としてあらわすことができる。ｘ軸に対してｙ軸を垂直となる角度で交わらせることができなければ、座標は混乱する。垂直に交わるということは、軸が同質ではないことを意味する。チェックする基本事項が三つであるということは、これに

z軸がくわわるということである。x軸y軸に対して垂直にもう一つの軸を立てることができれば、空間上のあらゆる点をxyzの座標であらわすことができる。これは、一回一回バラバラに見えるものを秩序立てて捉える基準ができているということである。

心技体という基本軸

次元の異なる三つの基本軸を立てる作業が、自分にとっての基本の絞りこみのプロセスである。たとえば、「心・技・体」という言葉がある。この三つはそれぞれ次元を異にしている。心だけ技だけ体だけでは駄目だし、どれか一つ欠けても高いパフォーマンスはできない。この三つの基本軸を意識することによって、現在の自分の状態を確認しやすくなる。心身の状態は日々変化し、一回一回の行動もブレをふくんでいる。心技体という基本軸をもっていることによって、結果がよくない場合に、どの軸がおかしいのかというチェックを行うことができる。

心技体という言葉は、慣用句として手垢《てあか》がついてしまっている。誰もがこの言葉を知っている。しかし、この言葉を、三つの基本軸として技化《わざか》することはそれほど容易ではない。というのは、心のベストな状態、技のベストな状態、体のベストな状態をそれぞれしっかりと自覚的に把握できているこ とがもとめられるからである。現在の状態がベストの状態からどれほどズレているかを理解し解釈するだけでは十分ではない。しかも、現在の状態がもとめられる。それを調える技までがもとめられる。心技体は一見平凡な言葉のようだが、人間のさまざまな行為を位置づける三つの座標軸としては非常に質が高いものである。何代にもわたる天才の思索が凝縮して研ぎ澄まされた成果として、この言葉がある。

坐法・息法・心法

心技体よりももう少し具体的な方法をふくんだ基本軸の立て方として、坐法・息法・心法がある。坐法は広く姿勢と捉えることができる。まず姿勢を調《ととの》え、次に呼吸を調え、それから心（意識）のもち方を調える。それによって、ことをなすにあたってのベストな準備状態にすることができる。集中していてなおかつリラックスしている心身の状態を安定してつくりやすくなるのである。この三つを調えることによって心身のニュートラルな状態を意識的につくりだすことができるのである。姿勢・呼吸・意識の三つの軸に関してもまた、それぞれが技化されることが求められる。反復して練習されることによって、ポテンシャル（潜在的能力）の高いニュートラルな状態に短い時間でもっていけるのである。

基本は、限定することに意味がある。したがって、必ずしも三つである必要はない。ただ一つの基本にすべてを凝縮できれば、より強力な基本といえるが、通常はここまで絞りこむと統合しきれないものがでてきてしまう。すべてを統合する一つの基本は、いわばx軸y軸z軸が交わる点のようなものである。この原点を、「無」といった抽象概念ではなく、実際の技法として定めることは、達人のみがなしうることである。

野口整体の創始者である野口晴哉《はるちか》は、現在も民間に広く深い影響をあたえ続けている健康思想家である。野口整体は、人間が本来もつ自然な気の働きを回復する技法である。野口晴哉は気の達人であるが、その野口自身が自分の疲れを癒《いや》す方法はただ一つだという。それは、背骨に息を通すことである。「背骨に息を通す」ということは、誰でもがすぐにイメージし実践できることでは必ずしもない。しかし、イメージの反復練習によって野口晴哉ほどではないにしろ、徐々にそのコツが摑めてくる。私自身も疲労したときに、この背骨に息を通す技をしばしばやってみる。すると、呼吸が深くなり熟睡した後の状態に近くなる。

ここで確認したいのは、この方法の善し悪し以上に、野口がこの方法を唯一のものとして限定していることである。自分にとって最良のニュートラルな状態に自分を調えるための方法を、ただ一つの技法に集約して提言すること自体が重要である。いわば「達人的な単純さ」である。

ベストな結果を生む感覚を知る

技は、からだの精妙な動かし方である。しかも、それが偶然的な動きではなく、反復可能なものが技である。実効性のある精妙な動きは、繊細な感覚に支えられている。たとえば、旋盤工やレンズ磨き職人の場合は、百分の一ミリ、千分の一ミリ単位の精度の仕事がもとめられる。千分の数ミリがどの程度の違いなのかを感じわけられる感覚がなければ、それを修正することはできない。また千分の数ミリを削りわけられる技術がなければ、たとえ感覚があったとしても、もとめられるものをつくることはできない。

感覚と技術は双方相まって技となっている。感覚と技術は、それぞれ独立して鍛えられることも不可能ではないが、通常は一回一回の行為の中で感覚が磨かれる。一回一回のからだの中の微妙な感覚の違いを感じわけ、それとその結果を照らし合わせて精度を高めていくのである。行為の結果を生み出した身体感覚の微妙な違いを感じわけることができなければ修正は難しい。フィードバック機能が働かないからである。

ティモシー・ガルウェイはヨガの方法をスポーツに応用したスポーツ心理学者であるが、彼は『インナーテニス』（日刊スポーツ社）の中で次のような方法を提示している。テニススクールの生徒で、ボールをどうしてもベースラインからアウトしてしまう欠点をもっている者がいたとする。その場合にガルウェイは、「もっと中に入れろ」とはいわない。彼が要求するのは、自分が打ったボールがどのくらいの距離でアウトしているのかを言ってみさせるということである。はじめのうち、その生徒は自分の打ったボールがどのくらいアウトしたのかが正確にはわからない。実際の距離と自分が想像する距離がずれているのである。

しかし、実際の距離を教えながら、この作業を続けさせていると、やがて生徒がこのくらいだと思う距離と実際の距離が近くなってくる。この間、ラインの内側にボールを入れるように指示はしない。単純に自分が感覚によって捉えている距離を明確に言語化させ、それに情報のフィードバックをする作業を続けるのである。そうすると、徐々にボールがアウトする距離が短くなり、やがてラインの内側にボールが集まり出すという。この方法は、打ち方という技術を直すのではなく、感覚を鋭敏にすることによって自然に技術がアレンジされていくというやり方である。これは、原理的におもしろいばかりではなく、実効性もある。私自身がテニスのコーチをしていたときにこの方法を採用したところ、確実に技術は向上した。

ベストな結果を生む感覚はどれなのかを明確に意識化して捉えることが、技術の基盤である。ベストな結果を生んだからだの動きを感覚として記憶できていれば、それを原点としてプラスマイナスのズレを感じわけ、修正するフィードバック機能が働くようになる。基準がなければ、フィードバック機能は働かない。

ガルウェイのやり方は、どのようなフォームがいいかということよりも、結果と自分のからだの感覚を結びつける回路を形成することを重視したやり方である。野茂英雄《のもひでお》やイチローの独特なフォームを見れば明らかなように、彼らはそれまでによいとされてきた形よりも、よい結果を生むときの自分のからだの感覚を重視している。結果と技術を結びつける回路を、センサーとして形成しているのである。

実際のからだの動き方についてのコツを細かく教えることも必要なときはある。しかし、より重要なのは、この回路をつくることである。これは、意識の領域の問題である。この回路の精度如何によって、周りの世界の見え方は異なってくる。

野球でいうならば、ストライクゾーンの空間を見るときに、こうした回路をもたない者はストライクかボールかを分けるものとしてのみ意識する。あるいは空間にストライクゾーンをイメージすることさえ困難かもしれない。精度が高まれば、ストライクゾーンは四分割あるいは九分割されるようになる。

ストライクゾーンを細かく分割する捉え方は、プロ野球ファンにまで浸透してきている。一流選手の感覚が、認識として共有されてきたということであろうか。かつての名投手の江夏豊や山田久志は、当然のようにボール一つぶんのストライクゾーンへの「出し入れ」を行っていた。ボール一つぶんの違いを自分の身体の内部の感覚として感じわけることができ、またそれを自在に操作することができるレベルにおいては、感覚することそれ自体がすでに技だといえる。

感覚を技化できるか

感覚自体が技となるとはどのようなことか。

イチローは、この感覚の技化《わざか》を体現し、また明確に言語化している。イチローは、一九九九年のシーズン序盤のあるゲームの最終打席のバッティングの感覚を特別なものだったと言う。幼いころから膨大な練習を積み重ねて研ぎ澄ましてきたバッティングの感覚でさえも捉えきることのできなかった感覚を、その打席で得たというのである。ずっと探しもとめてきた感覚をあたえてくれたこんな打席とは、素晴らしい当たりではなく、ボテボテのセカンドゴロであった。結果は最悪だったにもかかわらず、次の瞬間イチローは、嘘のように目の前の霧が晴れていく感覚を味わう。

『ああッ、これなんだ！』と思いました。これまで捜し求めていたタイミングと体の動きを、一瞬で見つけることが出来た。それをあやふやにではなく、頭と体で完全に理解することが出来たんです」。最悪のバッティングでどうして謎が解けたのか。

というのは、僕の中のセオリーでは、あの5打席目は絶対にボールを捉えていたんですよ。かなり高い確率でヒットになるはずだったんです。でも、現実にはそれがセカンドゴロになっている。(中略)明らかに体の動きがおかしいわけですよ。自分の描いたフォームとセカンドゴロになってしまった実際のフォームを重ね合わせ、方程式を解くように何が違うのか考えていきました。隠された答えは、ファーストに走りこんで行くまでに分ったんです。こんなにも明確な解答を手に入れたのは、僕の野球人生の中で初めてだったから、嬉しかったですよ。飛び上がりたいほどに。(『新潮45』二〇〇〇年四月号別冊『イチロー総監督 インパクト!』、p. 25)

つまり、自分のイメージと結果がずれる理由を感覚として掴んだということである。練習では無意識のうちに質のいい打球が飛ぶことが何度かあったが、なぜそういう打球が打てたのか、その確認ができていなかった、しかし、あのセカンドゴロを打ったとき初めてその理由が分かったとイチローは言う。

誤差を修正するセンサーを、このバッティングでイチローは得た。イチローはこれを幸運だと言う。たしかに、見つからないままだったかもしれないという点では幸運だが、この感覚がもつ意味は、イチローがそれまで培ってきた文脈があってこそはじめて生まれるものである。瞬間的な感覚が「意味」あるいは「明確な解答」をなすためには、それまでにさまざまな感覚が意識化して捉えられている必要がある。諸感覚がいわば一つの文脈をなしているということである。セカンドゴロの感覚が特別な意味をもつための文脈は、たとえば次のようなものである。

ボールを見ている間の動きと、ボールを打つ瞬間までの動きに分けて考えると、最初は下半身の右側、つまり右足に主な意識を置いて、それから今度は上半身の胴体部分の左側、つまり逆側の胸筋や背筋に意識を移すんです。下の右から上の左へ移す、ということですね。ひねる？　うん、ひねるという感覚も含みますけど、それだけではありません。去年の4月につかんだのは、下半身の右側に意識を置いた時、つまりボールを見ている時の体の使い方がわかった、ということなんです。（『Number』四九四号、p.75）

意味が生まれるためには文脈が必要である。十数年意識と感覚を研ぎ澄ましてきたプロセスがこの文脈づくりである。ここまで型や技を数学的な比喩で捉えてきたが、イチローもまた、「方程式」や「定理」といった数学的な比喩を感覚の技化《わざか》に対して用いる。イチローは一九九九年までに六年連続首位打者のタイトルを獲得している。しかし、九四年から九八年までの五年間は打撃の技術についで悩み、何度も奈落の底に突き落とされたという。それが実際、このセカンドゴロを境にバッティングが変わった。
「試行錯誤の時期はあったけど、再び明かりが灯らないトンネルの暗闇に閉じ込められるようなことはないですから。それまでは分かりかけては消えてしまった感覚が、今では数学の定理のように明確に認識できている。二度と迷わなくていいわけですから闇雲に不安に陥ることもない。バッティングのレベルはかなり変わったと思いますよ。打席を重ねるごとに確信が持てるようになって行きましたからね」。(新潮45別冊、p. 26)
一回きりで消えてしまう感覚が、数学の定理のように明確に認識できるようになる。これこそ感覚の技化の典型である。

意識と感覚

型や技という言葉は、日本的なるものをイメージさせやすい。しかし、「技化《わざか》」という概念は、よりインターナショナルである。感覚の技化にとって重要なのは、繊細な感覚をもつということ以上に、意識で感覚を確認する作業である。数学の定理がいつでも利用可能なように、瞬間的に生まれた感覚やイメージがいつでも利用可能であるようにするために、意識による確認が不可欠なのである。
意識と感覚をあたかも対立するものとして捉える二元論的な考え方があるが、これは技術の実際に即してみると非生産的な二元論である。メルロー＝ポンティは『知覚の現象学1』(竹内芳郎他訳、みすず書房）において、知覚と行為がセットになっていることを強調した。周りの世界を知覚するときには、自分の過去現在未来の行動がそこにふくみこまれている。メルロー＝ポンティはタイプを打つ作業を例にあげる。熟練したタイピストにおいては、読むことが即打つことになっている。

私がタイプのまえに坐るとき、私の手の下に一つの運動空間が拡がり、その空間のなかで私は自分の読んだところをタイプに打ってゆくのだ。読んだ語は視覚空間の一つの転調であり、運動遂行は手の空間の一つの転調であって、その場合、どのようにして、〈視覚的〉総体の或る表情が運動による或る仕方の応答を喚起してくることができるのか、どのようにして各〈視覚的〉構造がついにその運動的本質をあらわにし、しかもその際に語を運動に翻訳するのに何も語や運動を一つ一つ辿る必要がないのか――それを知ることが問題のすべてなのである。（p. 242）

言い方は難しいが、メルロー＝ポンティが言いたいのは、「習慣の力」である。習慣化することによって、目の前のものの見え方は、これから自分がそれに対してできることをふくみこんだものとしてあらわれる。つまり自分にとって無関係なものとしてではなく、自分の行動が投影されたものとして世界が見えてくるのである。

熟練したタイピストは、タイプを打っている最中に、「意図と遂行とのあいだの合致を感得する」。意図と遂行とのあいだの合致が感得されるとき、世界は身体を通して了解されているのだ。イチローは、「ボールというのは、バットに当たったときに捉えるものではなく、投手の手からボールが離れた瞬間に捉えるものなんです」と言う。イチローにとっては、投手の手元のボールまでが自分の空間になっている。

動きを見つめられるか

癖と技は、異なる。技は効果的であり、癖は効果とは関係がない。癖は無意識的に行っているものであるが、技は本来意識的なものである。意識的に練習し、意図的に反復可能なものが技である。

意識的とは言っても、一つ一つの細かな動きに対して言語的な指令を下すということではない。動きを見つめる意識があるということである。たまたま見事な動きができたとしても、その動きを見つめる意識がなければ、それを再提示することは難しい。結果としていい動きができたかどうかということ以上に、自分の動きを見つめる意識が鮮明であるかどうかが、技においては問われる。動きを記憶の中でさかのぼって再現しようと思えばできるのが、自己を見つめる意識の力である。イチローのセカンドゴロのエピソードは、彼のこの意識の強さを典型的に示している。イチローは一瞬の動きをスローで再生する意識を技化している。

打った瞬間にハッと思って、一塁まで走っている間に、その時のフォームを自分のイメージの中で逆に再生してみたわけですよ。フォロースルー、インパクトの瞬間、トップの位置という感じで、バッティングフォームを逆に巻き戻してみた。そうしたら、実際のフォームと自分のイメージの中のフォームが重なって見えて、どこがずれてるのか、そのポイントがわかったんです。本当はこうしたかったのに、こうズレた、だからいい打球が飛ばなかった……でも、脳ミソで捉えるまでの球の見え方、体の使い方は完璧だったんです。そのイメージを僕は長い間、ずっと探していた。たまっていた老廃物が体から気持ちよく抜けた、まさにそんな感じだったんです。(『Number』四九四号、p. 74)

動きを見つめる意識は鮮明である必要がある。しかし、もとめられる動き自体は、一つ一つ意識しなくてもできるようにしておかなければならない。そうでなければタイミングがずれてしまう。つまり、「間に合わない」のである。武道・芸道で求められる最高の動きは、はじめから身についているものではなく、意識的に身につけられるものである。はじめはその動きは不自然なものに感じられる。それが自然な動きに感じられるまで、反復練習が続けられるのである。

野球では、からだがくたくたになるまで球を投げることを投げ込みという。投げ込みをやりすぎれば肩や肘《ひじ》を壊す危険性が高いので、現在はかつてほどは重視されていない。セ・パ両リーグでエースとなった工藤公康は、ピッチングに関して非常に高い意識をもつ投手であるが、投げ込みについて次のように語っている。

本当の投げ込みというのは、体の感覚がなくなるまで投げ続けるんですよ。自分でもどうやって足を上げて、ヒジを上げて投げているのかがわからなくなってくる。それでもアウトコース低めに決まるようじゃなきゃダメ。余分な力が抜けてくると、何も考えなくても勝手にアウトコース低めにいってくれる、そういう感じになってきて初めて、その練習は投げ込みだと言えるんですよ。(『Number』四九四号、p. 62)

反復練習が続けられると、その動きはやがて無意識の領域へ沈澱していき、技として定着する。これが技の量質転化ということである。

西サモアでの英語教育

教育の領域では、ある程度の反復練習が重要であることは、およそ誰でも知っている。しかし、その「ある程度」を具体的な数字として意識し、その数字を確信をもって実践できる者は必ずしも多くはない。何十回という単位の反復であれば、それを強制できる教師は多いかもしれないが、それが何百回何千回という単位になるにしたがって数は当然減ってくる。反復する事柄の設定を誤まれば、反復しても益が少なく、時には害にしかならないこともある。それだけに、ある種の強制力をもって膨大な数の反復を課するのには、教師のほうにためらいが生まれがちである。

教師の量質転化への確信を私が典型的に見たのは、西サモアでの英語の授業であった。西サモアは、フィジーの近くの小さな島国である。車で一周二三時間の島が西サモアの主たる土地である。西サモアの人びとの言葉はサモア語であるが、子どもから老人まで英語で簡単な日常的な会話ができる。この英語力の一般的な高さを不思議に思い、サモアの英語教育を実際に見てみたくなった。サモアでは小学校から英語を教えている。私がホームステイをしていた家の子どもが通う小学校に、現地の文部省の許可をとって参観する機会を得た。

体格のいい三〇歳くらいの女性の先生が、小学校高学年をまとめて教えている授業を見た。その印象は鮮烈なものであった。とにかく大きな声で例文を暗唱する回数が半端ではないのだ。不定詞を使った例文が黒板に十個ほど貼ってある。その組み合わせを変えながら、何百回も反復して声に出すのである。教室に机と椅子はあるが、その授業の時間内は全員が坐ることなく立ったまま授業を行っていた。

教師がまず大きな声でスピーディに発音する。それに続いて二五人ほどのクラス全員が反復する。その場合、気どらずに大きな声でスピーディに発音することがもとめられる。日本の中学校の授業でよく見られる照れや恥じらいは一切ない。教師自身がまず自信をもって大きな声で話しているのである。暗唱のキャッチボールのテンポは怖ろしく速い。三秒から五秒単位でやりとりされる印象である。時にはグループ分けしてグループごとに反復したり、そのグループの中の一人が反復したりする。

先生はすさまじいバイタリティで、テンポを落とさずに四五分ほどの授業をこのやり方で駆け抜ける。子どもたちもしっかりとこのハイテンポに合わせている。子どもが大きな声で例文を暗唱する回数は、百回や二百回どころではない。授業が完全なトレーニングの時間になっている。立って、時に移動しながら声を大きく出すというやり方が、すでに実戦的である。坐って教科書を読むのとは行為の質が違う。

反復練習はなぜ必要か

日本の平均的な英語の授業で、一人一人が百回以上大きな声で反復することはまれである。教師の説明の時間が長いのが普通である。一時間の授業で数百回反復するのと数十回反復するのでは、同じ内容を扱ったとしても、そこには雲泥の差がある。この授業が積み重なれば圧倒的な差になる。技の量質転化の観点からいえば、完全に身につくかそれともゼロかと言えるほどの差がついてしまう。この教師の、いわば千本ノックのような授業が効果的である証拠には、私はこの小学校高学年のクラスの子どもを相手に、日本についての大まかな説明を英語で行うことができた。誤解しないでもらうために再度強調する。ここで言いたいことは、小学校から英語教育を始めるべきだということではなく、万単位のからだを使った反復練習の価値を確信していることの大切さである。

私は、いわゆる勉強は、スポーツの上達と同じ構造をもっていると考えている。上手に基本を設定し、基本を千単位万単位で反復練習することの大切さを身をもって確信すること自体が、学校教育の主たる目的だとさえ言ってもよいと考えている。何かができない状態からできるようになるためのプロセスには、同じ構造があるのである。膨大な数の反復を一人で行うことのできる人間は、むしろ少数であろう。そのための緊張感を持続するのに、普通は他者の助けを必要とする。それが先生や友達であり、教室という空間性である。

一時間で数百回も例文を暗唱する授業は、いわゆる楽しい授業ではない。サモアの先生が体得している技化の論理を全教科にわたる課題として捉えれば、日本人の学ぶ構えはずいぶんと違った様相を呈することになるであろう。現在の日本で反復練習があまり流行らなくなっているのは、厳しさを一般的に嫌う事由が大きな背景としてある。しかし、それだけではない。反復練習は、その基本や型が優れたものでない場合は大きな弊害を生みかねないものなので、教える側に誠意があるほど躊躇《ちゅうちょ》を生むことになる。これは、自分で型をつくる場合にはなおさら切実な問題である。

テニス教室での経験

私は二〇代のある時期テニスと空手を同時にやっていて、空手における型のようなものをテニスでつくる試みを仲間としたことがある。目標は、ボールを打たずにテニスが上達する型をつくることであった。しかも、ラケットをもたずに素手で行う練習を中心とした。技術が発展する領域ではどこでもそうだが、テニスにもまた絶対的な基本は必ずしも存在しない。各一流選手の打ち方にはそれぞれのよさがある。

私がテニスを始めた二五年ほど前には、基本は真っ直ぐにボールを打つフラット打法だとされていた。その当時もロッド・レーバーのようなトップスピンの名手はいたにもかかわらず、ローズ・ウォールの端正なフラット系のテニスが日本人の美的な好みに合ったせいか、初心者はフラットから入るというのが基本とされていた。その後ビヨン・ボルグの影響もあってトップスピンが全盛となり、現在では常識となっているが、フラットを基本として始めてしまった私は、トップスピンがどうしてもうまく打てるようにならなかった。そうした経験があったので、テニスの型をつくって人にやってもらうということは勇気のいる試みであった。

厳密にはさまざまな軌道を描く運動から基本となる動きを絞りこむ。全身のバランスを考えた上で、より細かく動きを分節化して、基本的な単純な運動に純化する。腕の位置や足の位置、手首のちょっとした角度などを決めるのにも、大変な思考量が必要とされた。

一通りできあがったところで市の広報で生徒さんを募集したところ、大人が四〇人近くも集まってしまった。空手の型のように素手で自分たちのつくったテニスの型を四〇人もの大人がやっている光景は、壮観と言うにはあまりにも冷や汗ものの恐るべきものであった。要するに、ビビッた。基本や型を設定することの責任を痛感した瞬間であった。テニスのプロでもないのに無謀なことをしたと思ったが後の祭りであった。ただし、実際には幸か不幸か、球を打たないでテニスが上達するスクールなどおもしろくもなく、数回のレッスンで生徒さんは激減し大事には至らなかった。いずれにせよ、型をつくる側にもとめられる膨大な経験と思考量と責任を骨身にしみて知る事件ではあった。

型のありがたみを知るためには、レベルはともかく、自分で型をつくる側にまわってみることが最良の道である。

型をつくるプロセス

型をつくる立場に立ってみると、一つの規定をつくることでさえ容易でないことに気づかされる。数十、数百の候補を考え、その中から一つに絞りこんでいく作業は厳しいものである。「捨てる」勇気が必要なのである。型を習う側は、捨てられた数百の可能性は知らないのだから、言い訳は通用しない。型は、凝縮である。型を定めていく過程は、膨大な取捨選択のプロセスである。できるだけ応用が利くような、普遍性のある形に練り上げていく作業である。基本となる型は、上達するにしたがって忘れていってよいというものではなく、上達した段階においていよいよ深く確認されるべきものである。型をつくる作業を多少なりとも行ってみることによって、ほかの何気ない型を見たときにも、その型の背後にある膨大な思索と経験を想像できるようになる。この想像力を欠いてしまうと、型はまさに形骸化する。そして、この想像力をもった者が、時代の流れに合わせて型をアレンジすることもできるのである。

型は、川底の土砂から採取される砂金のようなものである。一粒の砂金の背後に、莫大な採取の作業を想像することができれば、金の重みはいっそう増す。型をいたずらに絶対視するだけでなく、型をつくっていくプロセスを経験することによって、歴史の選別に堪えた、優れた型の恐るべき価値を知ることができるようになるのである。

現実は常に流動する。その流れの中で自己も見失われがちである。そうした流されやすい状況の中で、基本となる型は、自分自身の位置を確認させてくれる。その型が現実のすべてに対応できないとしても、自己の位置を確認させてくれることによって現実との距離感がつかめるようになる。

次の章からは、自己の中心感覚とともに重要である、空間感覚もしくは距離感覚の問題を考えていきたい。これは、コミュニケーションの基礎を身体の次元で捉える作業となる。

第四章　息の文化を取り戻す

腰肚文化とは

身体文化は、日本だけのものでもなければ、東洋だけのものでもない。身体文化はさまざまな気候風土や人種的な特徴などの諸要因に応じて、さまざまなヴァリエーションをもっている。身体文化をもたない文化はむしろ考えられない。ただし、それぞれの地域の身体文化は相互に完全に独立したものではない。他の文化と同様に、伝播《でんぱ》し相互に影響しあって身体文化の歴史が織りなされてきている。

この章では、日本における身体文化の中心軸を明らかにしたい。私の考えるところでは、それは〈腰肚《こしはら》文化〉と〈息の文化〉である。腰肚文化は、私の造語であるが、その意味するところは新奇なものではない。日本の身体文化は、他の身体文化に比べて、とりわけ腰と肚を重要視するものであった。先述したように、うどんなどの麺類に対してさえも、「腰がある」とか「腰が強い」という表現を用いる。最も重要な強さを腰という言葉で表現するのである。

日本の武道・芸道は、腰肚の重要性を強調する点で共通している。したがって、茶道にせよ能にせよ弓道や剣道にせよ、一つの武道・芸道のからだの基礎は、他のものにもおよそ応用可能である。何をするにしても基本となるからだの構えというものがある。腰の構えが決まっていて、肚に余裕がある構えが基本である。

この腰と肚の構えは、まず純粋に身体技術的なものである。身体技術的であるという意味は、具体的なやり方があり、練習によって身につけられるものだということである。この腰と肚の構えは、一定の身体的状態感を生む。腰と肚は力強さが漲り、落ちついてどっしりとしている。同時に、肩や頭は力が抜け、すっきりとしている。こうした身体の内的な感触は、気分として心のあり方にも影響をあたえる。武道・芸道の稽古を続けていると、心身ともにコンディションの良くない日が時折ある。そのようなときには、心だけを先に調えるのではなく、腰肚の構えを調《ととの》えることによって逆に心が調ってくる。

日本文化は精神主義的であるとよく言われる。しかし、日本における精神性の多くは、その基盤として具体的な身体技術をもっている。身体の構えを調えることによって、心のあり方を調えていくというのが、むしろ日本文化の主流である。身体性と精神性は二分法で考えられるものではないが、あえて分けるとすれば、日本文化は身体性が重視された文化である。身体性と精神性を結びつけているのは、身体的な状態感が生む気分である。

「息づかい」という技術

身体性と精神性を結ぶ回路の大動脈となるのが、息すなわち呼吸である。ここで言う息、呼吸とは、たんに生理学的な現象ではない。身体と精神を結びつける役割を果たす「息づかい」の技術である。息づかいの仕方が、方法的に結晶化したのが呼吸法である。東洋の身体技法における呼吸法は、緩く長く吐く腹式呼吸法を基本としている点で共通している。

心身の適度な張りを持続させる技術が丹田《たんでん》呼吸法である。息は、心と体をつなぐばかりではない。自分と自分の周りの世界や人間との「間」を調整する働きを息づかいはしている。たとえば、息を合わせることによって、自分のからだと他人のからだが一つの呼吸で満たされる。動きと呼吸は連動しているので、呼吸をともにしている二つの身体は、あたかも一つの身体のようにうまく機能する。息は、空間的な間合いと時間的なタイミングの両方に関わっている。自分が周りの者とどういうテンポで合わせ、どういう間合いで踏みこんでいくかなどを、息を手がかりにして摑むのである。

息の文化とは

腰肚文化と同じく、息の文化もまた、武道・芸道などに限らず、かつては日常生活における常識として浸透していた。たとえば「仕事の呼吸を摑む」という言葉がある。これは、仕事において、精妙なタイミングをふくんだ高度な動きの質を会得したことを示した言葉である。仕事のコツを呼吸と呼ぶことによって、呼吸を通して仕事をコントロールすることの大切さを知っていくのである。

日本語には、腰や肚や息に関する表現が数多くある。これらの表現を日常的に用いることによって、武道・芸道に典型的にあらわれる高い身体文化を日常生活において会得していく。身体文化はからだだけの文化ではなく、からだ言葉によって支えられているものである。私が行ったアンケート調査によれば、腰や肚や息にまつわるからだ言葉の使用頻度は世代を追うごとに減少してきている。日本の伝統的な身体文化の中核を、あえて腰肚文化と息の文化の二つに絞りこんだのは、これらが衰退の傾向にあるからである。腰肚や息を重要視する認識が衰えることは、一つの大きな文化の衰退を示すものであると私は考える。こうした認識の総体に名前をつけ文化と呼ぶことによって、あまり自覚化されないままに衰退していく傾向に歯止めをかけようとしたのである。

息の文化も、腰肚文化と同様に衰退傾向にある。丹田呼吸法の実践を高校で行ってみたところ、祖母や祖父は丹田呼吸法を知っていたが両親は知らなかったという感想が、いくつか見られた。後に見るように、大正時代に丹田呼吸法は爆発的ともいえる隆盛を誇ったこともあり、戦前の空気を知っている者にはなじみがある。しかし、この世代は次の世代を教育するにあたって、こうした呼吸法を伝承しなかった。そのため、現在の若者で丹田呼吸法を知る者はまれである。

丹田とは何か

丹田とは、道教の用語である。道教では、エネルギーの中心となる場所を上丹田・中丹田・下丹田の三つとしている。丹田呼吸法の丹田は、この中の下丹田である。インド・中国に比べて日本では、この下丹田が重要視された。へその下にあるという意味で、臍下《せいか》丹田と呼ばれるものである。畳の上の正坐に象徴される日本の坐の文化が、日本における臍下丹田の格別高い評価と関係している。かつては誰でもが知っていた臍下丹田という言葉も、現在は死語に近い。「臍下丹田に気を静める」という表現も、かつては精妙かつ具体的な身体技術をあらわしていたが、現在では胡散《うさん》臭い神秘主義的な言葉としてうけとられがちである。

丹田という言葉を用いるかどうかは別として、横隔膜《おうかくまく》を十分に使って息を長く緩く吐く腹式呼吸法は、日本の伝統的な身体文化の基本であるばかりではなく、現在のスポーツにおいても一流選手が応用している技術である。身体文化全体における呼吸法の位置はきわめて重要なものであるが、身体文化自体が文化として認知されている度合いが低いので、呼吸法の重要性もまたあまり知られていない。

呼吸法との出会い

私個人の経験としても、高校卒業時まで呼吸法についてはほとんど知るところがなかった。緊張したときには深呼吸をするとよい、という程度の知識しかもち合わせていなかった。弓道など型自体に呼吸法が組みこまれているものを学んだ経験のある者を除けば、高校卒業時においては、ほとんどの者が呼吸法について無知に近い状態であったと言える。私自身が呼吸法と出会ったのは、神経過敏な状態に陥って自律神経系の調子が悪くなったのがきっかけであった。これは、受験勉強の後遺症といってよいものであった。からだ全体を使う作業ではなく、また自分の感情を表現する作業でもないのが、いわゆる受験勉強である。求められているのは、情報処理能力であり、目の前の記号を迅速に操作する能力であった。自分の身を賭ける必要はなかった。身を賭ける過剰さは、むしろマイナスになることが多かった。教科が異なっていても、もとめられる脳の働きは大同小異であり、脳の働きとしても局部的な感が否めなかった。

この種の情報処理能力の鍛錬は、もちろん無意味なものではない。しかし、この鍛錬は、身体文化との関連をまったく欠いていたので、結果として心身のバランスを崩すもととなった。からだの要求とは無関係に作業が続けられるために、いわばからだの声を聴く回路が閉ざされてきたのである。いつ何を食べたいかということやいつ眠りたいか、どのくらい運動したいか等についての信号をからだが発していても、意識がその信号を遮断してしまうので、やがて信号を出すからだの側の調子もおかしくなるのである。からだにはエネルギーが滞留しているのに、意識だけが常に興奮している状態が続き、心身の不調が明らかになってきた。とりわけ呼吸が浅くなった。息を思い切り吐ききれないのである。呼吸は浅く不規則で、気がつくと息を止めていることが多かった。呼吸をしても腹はあまり動かず、肩や胸が上下する程度であった。それ以前はスポーツに熱中してエネルギーを発散し息を完全に入れ替えていただけに、エネルギーと息が滞溜するこうした状態のダメージは大きかった。

このような状態のときに出会ったのが、ヨーガの完全呼吸法である。この呼吸法の本質は、息を完全に吐ききるということである。みずおちからへそにかけてだけでなく、下腹までもぺったりとへこませてすべての空気を吐きだしていく。肛門と臍下丹田を結びつけるようにしていわば絞りだしていくので、普通に息を吐くのとは違う力強さがある。息を吐いている間は副交感神経系が働き、精神は安らかにリラックスする。意識が集中していながらなおかつリラックスしているという状態を、この呼吸法を通して端的に実感できる。

息を長く緩やかに吐く

通常の深呼吸では、大きく吸うことに主に意識がおかれ、吐くのは吸ったことの結果としてである。大きく吸えば大きく息が吐かれるという原理である。しかし、このヨーガの呼吸法の場合は、意識はすべて吐くことに注がれる。吐くことが限界に達したときに、結果として息が入ってくるのである。息を吸いこむという意識をもたなくとも、息が吐かれていれば自然に息は入ってくる。

多くの呼吸が目指している理想の状態は、乳幼児の柔らかく深い呼吸である。肩とみずおちの力が抜けて、呼吸のたびにおなかが柔らかく波打つ。息を意識的に長く緩やかにする練習を媒介として、結果としてこの赤ん坊の呼吸に近づくことができる。お腹で呼吸するとしばしば言われるが、これは横隔膜を使って呼吸するということである。内臓と肺の境界に横隔膜がある。この横隔膜が十分運動している呼吸が深い呼吸である。ただし横隔膜自体は感覚として捉えにくいので、お腹を意識することによって横隔膜の働きを活性化することができる。

息を長く緩やかに吐く呼吸法は、ヨーガから釈尊を通してアナパーナ・サチという方法として仏教にも浸透した。道教においては、不老不死をもとめるという実際的な要求もあって、この呼吸法は仏教以上に極められた。道教の養生思想は、貝原益軒《かいばらえきけん》に代表される日本の養生思想にも引き継がれた。神道や仏教、あるいは武道・芸道の各分野において基本とされるのは、息を意識的に吐く呼吸法である。

日常生活に浸透していた呼吸法

より重要なことは、この呼吸法は特殊な分野の特殊な行法としてではなく、日常の生活文化の中に浸透していたということである。たとえば、先にあげた素読では、ある程度長く息をコントロールして吐くことが自然にもとめられる。私自身が幼児や小学校低学年を対象に呼吸法を試したところ、その年齢の子どもにとって、一〇秒から一五秒程度息をコントロールして吐くことは意外に困難であった。息をコントロールして長く吐くということは、それ自体一つの技なのである。

呼吸法を行っている間は、呼吸すること自体が一つの行動である。しかし、呼吸がこのように主題化されることは、むしろ特殊なケースである。通常は呼吸は、それ自体が一つの行動としてではなく、何かの行動のいわば「裏地」となって張りついているものである。呼吸のない行動は考えにくい。あらゆる行動は呼吸を裏地にもたざるをえない。呼吸は無意識になされるものでもある。呼吸を意識し制御しなくとも、行動はなしえる。息の文化は、行動の裏に張りついている呼吸を本質として位置づけ意識する文化である。着物の裏地への心配りが「粋《いき》」であることの証でもあるように、呼吸への心配りが伝統的な文化にとっては重要であったと言える。

呼吸と行動との関係の本質により迫った比喩をもちいるとすれば、呼吸は裏地というよりむしろ「生地《きじ》」である。着物の表地は裏地の選択とは独立することが可能である。しかし、現実の行動は、呼吸から独立してはありえない。呼吸はテンポとして全身を常に貫いている。たとえば、荒い呼吸のまま話をすれば荒い話し方になる。声は、端的に息のあり方に左右される。声だけでなく、動きの質も息によって左右される。息が荒いままでマウンドにあがったピッチャーが冷静なボール・コントロールがしにくいように、荒い息の身体から生まれる行動は荒いものになりがちである。それは、粗い織り目の生地でつくるものは、どのようなデザインであっても粗い生地の服に仕上がるのと原理として似ている。

茶の湯の席のように、なめらかな呼吸を基盤にして織りなされる行為は、自然になめらかなものとなる。服には、それぞれのスタイルに合わせてさまざまな生地が用いられる。呼吸もまた、さまざまな状況下において行動に適した息がありうる。したがって、状況を抜きにして息の善し悪しを言うことはできない。息の本質は、状況と自己を「合わせる」ことにある。状況あるいは他者がもつテンポと、自分が内的にもっているテンポをすり合わせる境界面が息なのである。

身体的コミュニケーションとしての息

呼吸の特質は、それが身心全体の状態の一つの表現であると同時に、身心の状態を変える手段でもあるということである。まず息が身心の状態の端的な表現であるという点から見てみよう。私たちは硬い雰囲気の場にいると、普通は息が詰まってくる。逆にリラックスした雰囲気の場にいれば、息もリラックスし、深く緩やかになる。あるいは弾んだ楽しい雰囲気の場にいれば、息もリズミカルに弾んだものになる。場の雰囲気や空気と身体の状態感は不可分のものである。

からだの状態感の中でも、息はもっとも敏感ではっきりしたセンサーである。「息苦しい雰囲気」という言い方は、場の雰囲気と息のあり方が浸透し合っていることの自然な表現である。場の雰囲気や空気は、完全に客観的なものではない。自分自身のからだで感じられるものである。たとえば、知り合いの一人もいないパーティに出てしまったときの居心地の悪さと息苦しさを想像すればわかりやすい。周りの人たちの息の弾み方に比べて、自分の息だけが詰まっているということがある。感情のあり方は端的に息としてあらわれる。からだが息苦しいのに、心理的には場を楽しく感じているという状態はむしろ考えにくい。

私たちは日常的に、他人の感情を息を通して感じとっている。同じ文章の朗読でも、息の調子を変えれば伝わる感情の質も変化する。包みこむような息づかいもあれば、突き放すような息づかいもある。話される言葉は常に息とともにある。感情は、言葉の意味を通してだけでなく、息のあり方を通して伝わる。「学校は楽しい？」と聞かれて「うーん、楽しいよ」と答えたとしても、言葉の息が力ないものならば、答えは字義通りには捉えられない。私たちは言葉のやりとりでも、身体的なコミュニケーションを常に行っているのである。

「気を察する」と言うときの気は、何も神秘的なものではなく、からだの次元のコミュニケーションで感じられるものである。たとえば、「語気」と呼ばれる感覚がある。幸田文の『おとうと』（新潮文庫）という小説は、不良少年と呼ばれ若くして亡くなった弟について事実を踏まえて書かれたものだが、その中に次のような一節がある。

元気に戻った弟は日に日に態度が崩れて行った。ことばが荒れて行った。急にいままで見も知らなかった図太さがついてきて、動作がへんに敏捷《びんしょう》かつ粗暴になった。

いちばんさきに気づいたのは父だった。「おまえ、おかしな言いかたするね。そんな語気というものは正道でないものの語気だよ、よしてもらいたい。」

父は中学坊主の一種の流行的なもの、伝染性のことばの荒れだと見ていた。が、碧郎はそういう父の解釈を聞くと横を向いて、「へん」とも「ふん」ともつかない薄笑いをした。とたんに父が、「おや？　おまえ今の何だ！　も一度してみてくれ。おれにはちょいと気当りのする笑いかただった」としっかりした物言いをした。すると弟は崩していた膝を坐り直して、膝の上へ両手を突っかかった。肩が聳《そび》えた。子供っぽい薄っぺらな肩が聳えて滑稽だったので、げんはくすりと笑った。父はげんをぎろっと睨《にら》んでおいて、碧郎を許さない、追及して行った。父に追及されて子はへなへなとした。「ことばはへたでも許されるけれど、語気はへたも上手もない、心がそこへ出るのだから嘘のつきようはない」と諭され、子は父にあやまってその場が済んだ。父は沈んでいた。(p.47-48)

「へん」とか「ふん」というのは鼻で笑う息の仕方である。深く腑《ふ》に落ちて、「うーん」となる場合の息とは対照的である。

「腑に落ちる」という表現は含蓄が深い。「頭でわかった」と「腑に落ちた」とでは経験の質が異なる。腑に落ちることが起こるためには、それ以前にすっきりしないもやもやを抱える必要がある。もやもやと割り切れない状態を一定の緊張感を保ちながら持続する状態があってはじめて、「腑に落ちる」が起こる。物事が腑に落ちるとき息は大きく吐かれ、からだ全体がリラックスする。このリラックスしたからだの状態が、その物事を受け入れることをいっそう助ける。物事の理解にからだ全体の変化がともなっているのである。腑に落ちた状態とは、喉元や胸の浅いところでの息がお腹が大きく波打つ深い息に変わったことを意味している。

浅い息から深い息への変化を端的に示すのが、みずおちである。不安な状態のときにはみずおちは硬くなり、リラックスするとみずおちは柔らかくなる。腑に落ちた状態のあとでは、みずおちは柔らかくなっている。みずおちが硬い場合には、横隔膜は大きく動けないので深い呼吸にはなりにくい。状況はおよそ緊張と弛緩《しかん》のさまざまなバランスで推移する。自分がある状況を緊張と弛緩のどのようなバランスで感じとっているのかということを、自分自身の息のあり方を通して感じとることができる。その場合、自分のみずおちを触《さわ》り、その硬さを調べてみることによって、その状況の自分の受け止め方が文字通り手にとるようにわかる。

息を溜める

ここまでは、呼吸が身心全体の状態の表現であり、また状況をどのように身に引き受けているかということの表現でもあることを見てきた。一方で、息は身心のあり方を変える手段でもある。息のあり方を意識的に変えることによって、身心の状態を変えることができる。呼吸法は、こうした息の性格を方法化したものである。一定の呼吸法を持続的に練習することによって、目標とされる身心のあり方に自分を近づけていくのである。呼吸法としてまで方法化されなくとも、私たちは日常的に息のこの性質を用いている。

それが、「息づかい」である。たとえば、非常に重そうに見える荷物をもちあげてみたら意外に軽かったときに、私たちは拍子抜けして息をどっと吐く。重い物をもちあげるときには息を大きく自然と吸いこみ、軽い荷物のときにはそれなりの息の吸いこみ方ですませる。息を深く吸いこみ肚で支えることによって、重い荷物をもつためのからだの構えをつくるのである。気合いを入れるということも、息の操作を通じて行われる。息を溜《た》めるという息づかいの技を抜きにして、気合いを入れることは難しい。息をぐっと溜めるという息づかいは、重い物をもつことの多い生活をしていれば自然と身につくものである。

しかし現在のように、重い物をもったり力をすべて出し切る必要があまりない生活においては、息をぐっと溜めるという息づかいの技は身につけられにくい。息をぐっと溜めることは自然な動作であると同時に、習熟すべき一個の技でもある。現実の身体的な行動として息を溜めることが技化《わざか》されていれば、精神的な意味で重さを背負うときにも、その技が活かされうる。

踏ん張るという身体技術

「踏ん張る」ことは、一つの身体の技術である。頑張ることはとりたてて修練しなくとも各人それなりにできる。しかし、踏ん張るという動作は、ある程度の修練がなければできない。相撲をとった経験のない子どもは、踏ん張るコツがはじめのうちはわからない。踏ん張りがきくためには、足の裏の力の入れ方と腰の構えをつないでいく必要がある。腰くだけの状態で踏ん張ることはできない。腰が入った構えをつくること自体が修練によって得られる一つの技である。

これにくわえて、息をぐっと溜める息づかいの技も、踏ん張るためには必要である。踏ん張りがきく身体は、こうした腰肚の構えと息づかいをともに技化している身体である。踏ん張るという動作には、腰肚文化と息の文化が凝縮されている。したがって、踏ん張りがきくかどうかは、腰肚文化と息の文化がどれだけ身体に技化されているかを見る一つの指標となる。それだけに、踏ん張るという技を会得するのは、必ずしも容易なことではない。

相撲はこの踏ん張るという動作を本質とするものであるが、大相撲の横綱の地位にある者でも、踏ん張ることが技化されていない場合がある。大相撲には、スポーツとしての面白さもあり、また髷《まげ》や各種の儀式にあらわれるような伝統芸能としての面白さもある。しかし、私見によれば相撲の醍醐味は、腰肚文化と息の文化を柱とした伝統的な身体文化の精髄がぶつかり合うところにある。相撲を見るということは、こうした身体文化を楽しむということである。

相撲をとるということは、たんなる相撲の枠を超えて、数百年以上にわたる身体文化の大きな潮

左ページの外国人の構えは、足の長さに比して両足の間隔が狭いので、重心が高くなっている。いわゆる腰が割れていない状態である。お尻が後ろに突きだして腰を丸める恰好になっている。こうした、からだをかがめて後ろへ尻を突きだした腰つきは、「へっぴり腰」や「および腰」と呼ばれ、批判されるものである。こうした言葉は精神的な意味合いにおいても用いられ、落ち着きや自信のなさや、取り組みの弱さを批判する表現として用いられる。「腰砕けになる」というのは、途中で勢いや意気込みが衰える様をあらわす。右ページの力士は、足腰がぴたっと決まっている。力士であるから当然のようだが、現在の大相撲では、足腰がぴたりと決まらない力士も時に見受けられる。

「腰を入れる」は腰を下げて体勢を安定させる構えを言い、覚悟を決めて本気でやる精神的な構えをも意味する。「腰を割る」というのは、膝を開いて踏ん張り、腰を低くして強い外力に堪えられる構えをとることである。現代の日本の生活では、腰を入れたり腰を割る必要が少ないので、男の子でも自然に腰が割れる子は少ない。

左ページは『ボンジュール　ジャポン』より、相撲をまねてみるフランス人の一行を写したもの。右ページは、東京・本所の回向院寺での相撲の取り組みを写したもの。この二つの相撲の写真は、「腰が入った」からだのあり方と「腰が抜けた」あり方との違いを際立って見せてくれるものである。

流を自分の身に注ぎこむことである。年長者が年少者と相撲をとることは、身体文化の伝承の役割を果たしている。かつて相撲は競技である以前に、日常的な遊びや腕だめしとして浸透していた。勝海舟の自伝『氷川清話《ひかわせいわ》』(角川文庫)には、たとえば次のような話がある。

陸奥宗光《むつむねみつ》〔外相として日清戦争、条約改正に功あり〕は、おれが神戸の塾で育てた腕白者であった。あれが、おれの塾へきた原因は、紀州の殿様から、「わが藩には、いのしし武者のあばれ者がたくさんいるから、これをお前の塾で薫陶してはくれまいか」とのごさたがあったから、おれはわざわざ紀州へいって殿様や家老に面会し、都合二十五名の腕白者を神戸の塾につれて帰ることになったが、陸奥もこのうちにおったのだ。(中略)

こういうわけで、小次郎(宗光のこと——引用者注)は、おれの塾にはいったが、おれは、小次郎に、塾内では乱暴を働いてはいけないと厳禁しておいたから、あれも塾内ではおとなしかった。あれもこの時分には、まだ十六、七の若衆《わかしゅう》であったが、身のたけにも似合わぬ腰の物をだてに差して、いかにも小才子らしいふうをして、夜などは塾の庭前で同窓の伊東などと相撲をとって腕をためしていたよ。(p.103-104)

相撲という遊び

かつては、遊びの中で自然に伝統的な身体文化は修練され、踏ん張るという動作も技化《わざか》されていた。しかし現在は、相撲は男の子の日常的な遊びではもはやない。数百年来男の子の日常的な遊びであり続けた相撲が遊びの中から消えたということは、身体文化の伝承という観点から見るとき巨大な文化的損失である。精神的に大きなプレッシャーのかかる状況でも「踏ん張る」という言葉は用いられる。具体的な身体経験として踏ん張るということが技化されているならば、こうした文脈での「踏ん張る」は腰の入った姿勢と深い息を呼び起こす。

反対に「踏ん張る」ことが具体的な経験として蓄積されていない身体においては、「踏ん張る」は「頑張る」と大差ない言葉として捉えられてしまう。もちろん、さまざまなスポーツにおいても踏ん張るということは重要な技術である。しかし相撲の場合は、腰肚《こしはら》文化と息の文化が最高に凝縮された様式である点と、遊びとして子どもの生活に浸透していた点から見て、その文化的損失は他のスポーツによって簡単に補塡できるものではない。

相撲が息の文化として優れている点は、息をぐっと溜めるという技だけにではなく、相手と呼吸を合わせたり相手の呼吸をずらしたりする「呼吸をはかる」技術にもある。相撲の立ち合いは、相手と呼吸を合わせることを本質的に要求する。相手の呼吸と自分の呼吸を合わせるというのは、それほど容易な技ではない。人によって、動作のテンポは異なり呼吸のテンポも異なる。何度か仕切るうちに、おたがいに呼吸を合わせていく。

戦術的には合わせたように見せかけて、呼吸を瞬間的にずらして立ち合うことも可能である。しかし相撲の醍醐味は、呼吸を合わせたことによって立ち合いの緊張が最高度に高まるところにある。

写真は、昭和29年に土門拳の撮影したすもう遊びをする子どもたち（写真提供：土門拳記念館）。1960年代頃までは、こうした遊びとしての相撲は頻繁に見られたが、現在はほとんど見られない。年少の者と年長の者が相撲をとる場合には、年少の者が向かっていき、年長の者が胸を貸し、受け止める恰好になることが多い。右下の組では、見事な上手投げが決まっている。ケガをしない上手な転び方も当然、身につけられている。からだとからだが直接ぶつかり合い、触れ合うことを通して、他者の存在を自分のからだで自然に感じとっていく。力の押し引きや加減もその中で覚えていく。息を合わせる立ち合いもふくめて、コミュニケーションの原型が遊びとしての相撲にはふくまれている。遊びとしての相撲がもっていた教育的意義は非常に大きいだけに、この遊びが日常から消えたことによる文化的損失は莫大である。相手に向かってからだをぶつけていく身心の構えや、相手をどんと受け止める身心の余裕のある構えがこうした遊びの中で鍛えられる。

横綱にもとめられる風格とは、たんなる人格的な雰囲気ではなく、どのような相手の呼吸に対しても合わせることのできる呼吸の技の熟練をも意味している。自分の呼吸でしか立ち合うことのできない下位の者が、時間前に横綱に突っかけていったときに「待った」をせずに深い呼吸で悠然と受け止める姿は、横綱として美しい。

他人の息づかいを感じとれるか

やってみれば明らかなことであるが、息の深い者は息の浅い者に合わせることはできるが、息の浅い者が息の深い者に合わせることは難しい。息を吸いこむ瞬間には隙が生まれるので、いつでも受け止めることができるためには、呼息《こそく》中心の丹田呼吸法が会得されている必要がある。相撲の場合は、組み合えば肌と肌が触れ合うので相手の息に肌で触れることができる。他人の息づかいを直接肌で感じるという経験は、人間関係の基本である。赤ちゃんを抱くことにせよ、セックスにせよ、おたがいの息を肌で感じ合うことが本質をなしている。

相撲の話が長くなってしまったが、これは私自身が相撲文化を経験させてもらったことへの感謝の念からきている。私が育った地域の町内会では、毎年子どもの相撲大会が催されていた。夏になると普通の公園に土を運びこんで土俵をつくるのである。土俵らしく、しっかりと土が盛り上げられ固められていた。今思うと、どれほどの労力が土俵づくりにかかっていたのか信じがたいほどである。商店街中心の町内であったので、賞品はスイカや優勝旗からカメラまでふんだんにとりそろえられていた。大会は一日だけでなく何日間も連続して行われた。夜になると町内の大人が土俵の周りに集まってきて、相撲を見ながらあれこれ話をして過ごした。

町内の子供会があれほど隆盛を誇っていたのも今思えば不思議であるが、その中心に相撲という身体文化の伝承が据えられていたことはいっそう感慨深い。私自身は、この毎年の相撲を通じて腰肚文化と息の文化を学んだ。その経験はからだの中心に根づいて、今もありありとからだに感じることができる。私が自分自身のからだに中心を感じることができるのは、莫大な労力をかけて土を盛り上げ土俵をつくってくれた大人たちのお陰である。身体文化の継承は、偶然に任されたものではなく、意志と労力の結晶だと感じる。

上手な指圧とは

私自身が肌を通して呼吸を合わせることの重要性を痛感したのは、指圧・マッサージを通じてであった。指圧がうまくいくための重要な条件は、指圧をする側と受ける側の息が合うことである。普通は指圧をする側の上手下手が問題にされることが多いが、実は指圧を受ける側にも上手下手がある。指圧の上手な受け方というのは、からだをリラックスして緩めることである。

これは具体的には、指圧に合わせて息を吐く技術である。指圧の圧がかかってくるのに合わせて息を少しずつ吐いてからだを緩めていくと、指が深くからだに入りこんでくる。その指がツボに入っていた場合には、その押されている箇所だけでなく、他のところにまでじーんとした「響き」が伝わる。こうしたツボにはまった響きのある指圧は、指圧が終わった後もしばらくその響きの感触が持続する。押されるときに反射的に息を詰めて身を固くする構えをとってしまうと、せっかくの圧がからだに響いていかない。受け手が上手に息を吐くことによって、指圧をする側と受ける側との間に一体感が生まれる。

私の経験では、指圧やマッサージをする側として上達するための近道は、いい指圧やマッサージをうけて受け手として上達することである。上手なカメラマンが息がほどけて表情が緩んだ瞬間にシャッターを押すように、上手な指圧師は指圧される側の息を見ている。息をたがいに合わせることによって、響きがからだの隅々にまでわたる快感をからだに刻みこむことが、指圧をする側になったときに経験として生きてくる。

受け手の構えが閉じているのに無理矢理に圧を強くしようとすれば、からだはいっそう固くなってしまう。こうした悪循環に陥らないためには、受け手の構えを息を通して感じとる必要がある。受け手の背中に掌を当てているだけで、受け手の息を感じることができる。しかも触れ方が上手であれば、触れていることによって受け手の息は深く緩やかになる。時には、さすったり揺すったりしてからだをまずほぐし、受け手のからだの構えを柔らかくしてから始めるのも効果的であった。

私が指圧をする側の立場のときには、押すという意識が強すぎるとあまりうまくいかなかった。たがいのからだが一体感をもち、じわーっとしみこむような感覚が生まれるのがよい指圧である。しかし私の場合、性急に結果をもとめるあまり、テンポが速くまた圧も強すぎるきらいがあった。

この癖はある意識の工夫をすることによって克服することができた。それは、押しているという能動的な意識を反転させて、むしろ押されているという受動的な意識に頭を切り換えることであった。

触れていることは同時に触れられていることである。同じように、指は押していると同時に押されてもいる。能動から受動への意識の反転は、やってみれば意外にリアリティのあるものであった。押されているのだという受動的な意識になると、リラックスがしやすかった。受動的意識は「味わう」構えとして適している。相手と接している指の腹が一種の半透膜として感じられてくる。能動から受動への意識の反転によって、指先や腕の筋力で押すという感覚から離れることができる。お腹から肩の付け根を通って、ある種の液体が半透膜を通して相手のからだに流れこんでいくような感覚を味わった。

能動から受動へ

能動から受動へ意識を反転させることによって生命が合流するような一体感を感じることができたことは、素人の私の偶然的な気づきである。しかし、指圧の専門家の中にもこうした反転を重要視する人がいるのがわかった。増永静人《ますながしずと》は、支え圧、持続圧という言葉を用いている。増永は、「押すのでなく、相手にもたれるようにして自分を支えるときに、相手もこれを支えて受け入れてくれる。精神療法の根本は、相手を矯正しようとする態度でなくて、相手を理解しようという気持だと説かれている。もたれるとは相手に持ってもらうということなのであって、そうした気持のあるところに、もちつもたれつの状況が生れてくる。これが生命的な一体感である」と言っている（『経絡と指圧』医道の日本社、p.116)。

押そう押そうという意識だけでは、相手の呼吸を感じることもできないし、したがって、自分の息と相手の息を合わせていくこともできにくい。増永は、ツボを指で押すのではなく、「ツボに指がはまる」というのが効く指圧の感覚だという。正しくツボを捉えているか否かは、指圧した指を相手が局部的に感じるか、深い部分に響くものとして感じるかで見分けられるとし、その違いは、同じ経絡《けいらく》の二つのツボを同時に押さえることによってわかるという。ツボにはまっているときは、二点ではなくその周囲に拡がった面の響きのように感じられるとし、次のように言っている。

二点が別々に感じられるような押し方は、指先に力を入れて筋強縮による錘体路系《すいたい》の筋運動が行われている。おされる側の皮膚も交換緊張し筋肉は抵抗するので、皮膚はつっぱって引張られ、周囲の筋も固くなって盛り上っているはずである。これに反して、二点が全く一つの面のヒビキの中に埋没しているようなおさえ方は、指先がやわらかく、肘の方に力が入り、錐体外路系の大筋群の動きが主になって腕全体が筋トーヌス状態にある。ちょうど両足で立っているときのように、決してりきんでいない自然の姿勢のような感じである。したがっておされている皮膚もリラックスしてこれを受け入れ、筋の抵抗もないので、指先はラクラクと深部のツボの底に達しているのである。(p.115-116)

こうした力みのない状態のときには、指圧者の息は深くなり、それに連れて相手の息も深くなる。上手な指圧者は、二つの身体の間に生命的な一体感をもつくりあげることを通じて、たがいの息が深くなるように導いていく。あるいは、たがいの息を合わせながら、自分の深い息に相手を誘いこむのである。相手の息を深くするためには、いきなりずらすのではなく、まず相手の息に添ってから徐々にともに深くなっていくというアプローチが有効である。この「添いつつずらす」というアプローチの基礎にあるのは、〈積極的受動性〉である。

積極的受動性の試み

〈積極的受動性〉という用語は、私の造語である。これは、受動的であることに積極的な構えを表現するための言葉である。指圧を受ける側について言えば、積極的受動性は、息を吐いてからだを積極的に開いていき、指圧の働きかけの響きをできるだけ深く味わおうとする構えである。

これと比較して〈消極的受動性〉という構えは、とりたてて工夫のない受け身の構えである。これは、一般に見られる普通の受け身の構えである。この構えの場合は、心地よいものに対してはからだを開き、痛みなどに対してはからだを閉じる。〈消極的受動性〉には、響きを味わい、感覚として増幅する積極性はない。からだが固くなりそうなときに息をうまく吐くのが、積極的受動性の構えをつくるコツである。こうした息づかいのコツが響きの味わいを深くするのである。

積極的受動性の構えは、指圧だけでなく、さまざまな活動においてなしえる構えである。一人でストレッチングをしているときにも、消極的受動性の構えと積極的受動性の構えの違いはある。ストレッチングをしていると、縮んだ筋を伸ばすときに痛みが出る。消極的受動性の場合は、こうした痛みが出たときに息を詰め、からだを固くしてしまう。この状態で意志力によって急に筋を伸ばそうとすれば、痛みは一層ひどくなり筋を痛めることにつながる。積極的受動性の構えの場合には、その痛みが筋を傷つける種類の痛みか、筋が伸びていくときに必然的に生じる痛みなのかを感じわけることができる。

積極的受動性は、心地よい痛みを味わう構えである。痛みが生じたからといって単純に身を固くするのではなく、息を吐くことで脱力し、からだを開いていくのである。痛みをむしろ心地よく味わう積極的受動性の構えをある程度持続させていると、あるとき大きく筋がずるっと伸びる瞬間が訪れる。痛みを味わいながら「待つ」という構えは、一見受動的なようだが、実はこのほうが大きな変化を生むのである。

この積極的受動性の効用は、話を聞く場合にもある。カウンセリングの技法にアクティブ・リスニング（傾聴）というものがある。相手の話の当否はひとまずおいて、積極的にすべてをうけいれて聴くという構えである。聴くという行為は、話すという行為に比べて受動的なものだと思われがちだが、この受動性をより積極的に行うのが、この手法のコツである。自分が賛同できない話に対しては、息が詰まりがちになるものである。腹やみずおちは固くなり、息が浅くなる。こうしたときには、みずおちをさすって緩め、息を深くして脱力すると相手の話をうけいれやすくなる。たんなる「聞く」ではなく、「聴く」の構えに入るのである。ストレッチングの場合のように自分のからだと対話する場合でも、他者と対話する場合でも、みずおちの力を抜いた深い呼吸がポイントとなっている。「味わう」ことや「待つ」ことは、息を吐いてからだを緩めるという具体的な身体技術によって支えられている身心の構えである。

「呼吸を呑みこむ」あるいは「呼吸を会得する」という表現は、物事のやり方にも対人関係上の振る舞いにも用いられる。物事をうまくやるコツは、強弱や緩急を上手につくることにある。それは、緊張と弛緩のダイナミズムである。押したり引いたりする場合のコツといってもいい。呼吸はこうした強弱、緩急、押し引きなどの運動の原型である。

呼吸というコツ

呼吸は、吸うと吐くという二つの対照的な方向性をもつ運動を交互に反復することを本質としている。そして呼吸のテンポは行動のテンポであり、呼吸の強弱は行動の強弱となってあらわれる。「息を溜める」ことによって、微妙なタイミングを合わせたりずらしたりすることができる。物事のコツに関して、かつては広範に呼吸という言葉が用いられた。それは、息の文化がある一定の高さに達していたことを示している。

勝海舟は、剣術と禅の修業によって自己形成をなしたこともあり、腰肚文化と息の文化を高い水準で体得した人物である。『氷川清話』には、物事における強弱や押し引きのコツが呼吸という言葉で数多く語られている。勝海舟は、世間の辛酸を嘗《な》めつくしてきた市井《しせい》の人びとのもつ「人を鑑識する眼力」を高く買っていた。あるとき勝が、青柳という行きつけの料理屋で「景気がいいと見えるな」と言ったところ、女将は次のように言った。「よし金がなくて苦しくても、するだけのことはいたしておかないと、自然と人気が落ちてまいりまして、終《しま》いにはお客さんが、ここのものはサカナまでが腐っているとおぼしめすようになってしまいます。ぜんたい、人気の呼吸と申しますものは、なかなかむつかしいもので、いかほど心の中では苦しくても、お客様方にはもちろん、家のうちの雇い人へでもその奥底をみせるといけなくなります。この苦痛を顔色にも出さず、じっと辛抱しておりまするど、世の中は不思議なもので、いつか景気を回復するものでございます」(p.113)。勝は、「その胸にある苦痛を少しも顔色にあらわさず、いかにも平気らしいようす」に感心し、こう言っている。「全体、外交のかけひきといえば、なかなかむつかしくって、とても尋常人ではできないように思っている人もあるが、つまりこのかみさんの呼吸のほかに何もあるものでない。ただ外交ばかりでなく、およそ人間窮達の消息も、つまりこの呼吸の中に存すると思うよ」(p.113)。

勝にとっては、コツということは呼吸とほぼ同義である。実際、『氷川清話』には呼吸と書いてコツとふりがなを振ってあるケースもある。勝の場合は、剣術を徹底的に修業したので、相手との駆け引きや押し引きのコツは、まさしく呼吸の問題であった。料理屋の経営や外交上の駆け引きは、それ自体が剣術のように直接的な呼吸のやりとりではないが、勝にとってはこれらの次元の異なる活動が、呼吸ということで一貫して捉えられている。

勝海舟の眼力

息をはじめとする身体の技の経験が、人生の諸般の物事を見通す眼力となっているのである。外交上の駆け引きにおいて勝が重要視するのは、ある種の眼力であり、これは実際の身体の修業によって錬磨されるものだとしている。勝は「気合い」という言葉も用いる。

「全体なにごとによらず気合いということが大切だ。この呼吸さえよく呑み込んでおれば、たとえ死生の間に出入りしても、けっして迷うことはない。しかしこれは単に文字の学問ではできない。王陽明のいわゆる事上練磨、すなわち、しばしば万死一生の困難を経て始めてわかる」。(p.218)

「ところで気合いとか呼吸といっても、口ではいいわれないが、およそ世間の事には、自ら順潮と逆潮とがある。従って気合いも、人にかかってくるときと、自分にかかってくるときとがある。そこで、気合いが人にかかったと見たら、すらりと横にかわすのだ。もし自分にかかってきたら、油断なくずんずん押してゆくのだ。しかしこの呼吸が、いわゆる活学問で、とても書物や口先の理屈ではわからない」。(p.219)

「おれなどは、理屈以上のいわゆる呼吸というものでやるから、容易に失敗もせぬが、万一そういう逆境にでも陥った場合には、じっと騒がずに寝ころんでいる。またのちの機会がくるのを待っている。そしてその機会がきたならば、すかさずそれをつかまえて、事に応じ物に接してこれを活用するのだ。つまり、これが真個の学問というものさ」。(p.220)

勝の場合の気合いはむやみに力むことではなく、呼吸と同義である。相手の気を察して、自分の気と合わせていくという精妙な技術を「気合い」と呼んでいる。

現在呼吸という言葉は、勝海舟ほどの広範な文脈で用いられることは少なくなってきている。それは、たんなる言語表現の流行の変化ということではなく、背景にある息の文化の衰退の結果である。勝のように剣術などを通して呼吸の修業を実際に行ったものにとっては、呼吸は精妙な技術である。杓子定規ではいかぬ実際上の微妙な調整を「言うに言われぬ一種の呼吸」と勝が表現するときには、実際の息の修練が素地になっている。

ゲーテは、潮の満ち引きを地球の呼吸と言った。勝は、世の中の諸事を潮の満ち引きとして感じとり、呼吸という小さな潮の満ち引きをもつ自分の身を、どのような機を捉えてその状況に関わらせていくかを課題としていた。状況を潮の流れとして見る見方自体が一つの技である。こうした眼力の技が「呼吸」という具体的な身体の技術と重ね合わされて捉えられているところに、息の文化の高さがうかがわれる。

息をどう溜めるのか

こうした呼吸の中心にあるのが、「息を溜める」という技術である。

呼吸を合わせるためには、息を溜める技術が必要である。呼吸が合うということは、動作と動作の間《ま》が合うということである。実際に動き出す前の一瞬の間に身心の準備が調えられる。この準備の間をわかち合うことが、呼吸を合わせるコツである。準備の間は息を溜める時間である。息を溜めるという技術は、意識と動作を一つにまとめあげるのを助ける。息づかいによって一瞬の「溜め」をつくるのは、日常的な動作にもよくあることである。

たとえば、お好み焼きをひっくり返す程度のことでも、この「一瞬の溜め」をつくらないとなかなかうまくいかないものである。お好み焼きのひっくり返しがうまくいくかいかないかを、ひっくり返す前の一瞬の溜めがあるかないかで推測することができる。息を溜めて準備を調えないでだらだらとひっくり返す動作に入ってしまうと、お好み焼きは崩れてしまう。「一瞬の溜め」の間に、お好み焼きがうまく返った状態を先行してイメージするのである。

息とイメージによって身心の構えを調える技術は、たとえば名刺で割《わ》り箸《ばし》を割るという実験でも明らかになる。割り箸一本を人にもってもらい、名刺を上から振り下ろしてその割り箸を割るためには、腰の構えと息の溜めが重要である（これについては終章で詳しく述べる）。

「上虚下実」と〈みずおち感覚〉

〈息の文化〉の隠れた基本に、みずおちの力を抜く技術がある。これに関しては、「上虚下実」という言葉が参考になる。上虚下実という言葉には二つの意味がある。一つは全身における上虚下実である。腰や足などの下半身には力が充実していて、上半身、特に肩の力は抜けているという自然体のあり方が上虚下実である。上虚下実のもう一つの意味は、腹部において上部であるみずおち付近の力が抜けて、へその下の下腹部の力が充実しているという状態のことである。

臍下丹田に力を入れるという言い方だと、みずおちまでが固くなり、結果として呼吸が浅くなることも多い。逆にみずおちの力を抜くという指示のほうが呼吸が深くなり、結果として下腹部に力の充実感が生まれることが多い。みずおちを虚にすることによって、相対的に下腹が実となるのである。

みずおちの力を抜くことの重要性は、岡田式呼吸静坐法の創始者である岡田虎二郎や野口整体の野口晴哉も指摘している。岡田式の静坐法では、息を吐くとともに下腹に強く力を入れていく。その場合に、みずおちの力は抜けていることが望ましいとされる。ただし実際に行ってみると、下腹に力を入れようとすれば、どうしてもみずおちにも力が入りがちである。私自身も、長い期間、臍下丹田に力を入れようとしていたので、みずおちが固くなりがちであった。岡田虎二郎はこのあたりの事情もわかっており、次のように言っている。「みずおちの力を抜くというのは、丹田に力を入れたときでもみずおちのところが柔らかいという意味ではない。ソリャア少しはかたくなるのが当然だ。呼気の時みずおちがふくれ出さぬことだ」（『岡田虎二郎先生語録』静坐社、p.101）。

野口晴哉は、みずおちと感情の間の深い関係を指摘している。「怒りっぽいとか、気が散るとかいうのも体と関係があって、みんな鳩尾《みずおち》が硬くなっています。鳩尾が柔らかくて怒ったといっても、それは怒ったふりをしているだけで、感情は発動していない」(『健康生活の原理』全生社、p.52)。

野口は、みずおちを緩めることを技法化している。「両手で鳩尾を押さえ、そして息を吐く。老廃の気を全部吐き出すような気持ちで、体をこごめるようにして吐く」というやり方で、これは「邪気の吐出」と呼ばれる。これによって、からだの自然な調整力が働く活元《かつげん》運動が起こりやすいとされる。活元運動とは、「思わずくしゃみをしたり、あくびをしたり、無意識に痛いところを手で押さえたりするようにからだが独りでに動いてしまう運動」である。意識が先立ちすぎて力むと、みずおちは固くなり呼吸は浅くなる。みずおちを手で押さえながら息を吐くという具体的な技法によってみずおちを柔らかくし、無意識的なからだの調整機能を呼び起こすのである。

以上のように、みずおちを柔らかくするということは日本の身体文化の中では重要なポイントである。しかし、現在の日本で、みずおちに関してこのような認識をもっている者はどれだけいるであろうか。身体においてみずおちという場所を意識することさえ少なくなっているのではないか。

みずおちの力を抜くという身体技法以前に、いわば〈みずおち感覚〉とでも呼べる感覚自体が衰えている。そして、この〈みずおち感覚〉の衰退は、息の文化の衰退という大きな流れの中でその意味が考えられるべきものである。息づかいは〈構え〉の基本である。人と人とが関わり合うときの〈構え〉と〈間合い〉の知恵が、息の文化においては身体知として伝承されていたのである。

第五章　力と形の「自己形成」感覚

力のバランス感覚

私たちは日常気がつかないうちに引力と斥力《せきりょく》の間に生きている。身体論のおもしろさは、身体を皮膚の内面に閉じこめられたものとしてではなく、空間に拡がっていくものとして捉える点にある。「ある人の迫力に圧倒される」という表現がある。このようなとき、実際に身体が空間に膨張して自分を圧倒してくる感覚となっている。だんだんとからだがのけぞっていく。

身体が膨張するという表現でなくとも、「空間に力の線が張られる感覚」とも言える。相手から力の線が出ていて、自分のからだが押されているように感じることがある。「気圧《けお》される」という表現は、気合いで圧倒されるということだが、実際に空気の圧力としても感じられる。反対の表現として、「引きこまれる」あるいは「引きつけられる」という表現がある。相手が魅力的であるときに、実際の客観的な空間的距離以上に心理的な距離が縮まる感じである。

人を引きつける話というのは、聴き手がもっと聞きたくなるような話である。聴き手が、自分の枠組みを越えて話し手の枠組みへ自らを重ね合わせていくのが、引き寄せられるということである。自分と同じような価値観の持ち主の話でも引き寄せられないこともある。反対に、自分と対極にある価値観の持ち主でも引き寄せられるということがある。引き寄せる力は、聴き手における自己と他者の境界線を緩ませる力である。このようなとき、聴き手のからだは自然に前に乗り出している。「食い入るように見つめる」という表現があるが、これは、相手に触れたいという気持ちの強さを端的に示した言葉である。

一つの空間に二人の人間がいれば、その二つの身体の間には引力や斥力が働いている。電車の中などで、皆がある程度の距離を保ってそれぞれの居場所を決めているのは、たがいの身体から発せられる引力や斥力を敏感に察知しているからである。比較的すいている車内で、自分に非常に近い位置に来ようとする見知らぬ人がいれば、若干の警戒心や不快感をもつことが多い。これは一種の縄張り意識とも言えるが、より直接的な身体感覚に近いものである。車内で一人が動くことによって、連鎖として他の数人が位置を変えることがある。これは空間全体の中で相互にバランスをとろうとするためである。

身体は物のように空間にただあるのではなく、おたがいに引力・斥力を感じているのである。このことは人間の場合だけでなく、物体の場合にも言える。惑星の距離や軌道が、星の質量によって起こる万有引力によっているという現象も、「空間に力線が張られる」イメージを補足してくれる。空間には目には見えない引力や斥力が働いているという科学的認識は、日常の身体経験とも重ね合わせることができるものである。私たちは日常場における力のやりとりを、身体の感触として感じている。

たとえば、竜安寺の有名な石庭は、いくつかの大きさの違う石が絶妙なバランスで配置されている。もし石を動かしてみたとすると、動かす以前の岩から感じられていた安心感とは違う感触をうけるであろう。竜安寺の石は、一見なんの規則性もなく恣意的に置かれているだけのように見える。

しかし、一つの石を動かそうとすれば他の石も動かさなくてはバランスがとりにくい感じがするほどに、石は相互に緊密なバランスを保っている。実際には物理的な力として石と石が強く引き合っているのではないとしても、私たちはそうした引力があるように感じているのである。それぞれの石をバラバラなものとしてではなく、場全体の力学として捉える習慣が私たちにはある。石を上手に配置するためには、場の力学を感知することが技として磨かれている必要がある。

場の力学

人間が数人いる空間の中では、より顕著な場の力学が働く。空間に張られる力線は、一人一人がもつ存在感に左右される。しかしそれだけではなく、視線を送ったり声をかけたりすることによって線は結ばれ強められる。学校の教室では、同じ大きさの教室でも、緊密な雰囲気の授業と散漫な雰囲気の授業がある。また熱い授業もあれば冷えた授業もある。

こうした雰囲気の違いはもちろん内容によるものであるが、教師の身体がどのようなあり方であるかという要因も大きい。教育実習生の授業などにはよく見られることだが、教師の声が後ろまで届いていなかったり、教師の視線が各生徒に配られていなかったりすることがある。ひどい場合には、ほとんど子どもの目を見ない者もいる。目と目が合うということは、身体の関係においては特別な事態である。目と目が合ったときに、自分と他者がすべてつながる感覚が生まれる。生徒は教師のほうを時折、あるいはずっと見ている。

これに対して教師が、その授業時間内に全員に目を何度も配らないとするならば、目と目が合う関係が生まれない生徒が何人も出てくる。目を合わせ声を届かせることによって、線あるいは糸が結ばれる。自分から積極的に線を発しない生徒に対しては、教師の側からより多くの線を発信することが必要となる。優れた教師は、自分と生徒との間にだけでなく、生徒同士の間にも多くの線が張り巡らされるように場を工夫する。こうした線はいわば色糸のようなものである。さまざまな色の糸が張り巡らされ、織りなされていくことによって、織物が仕上がっていく。

私は長野県の小学校の詩の授業を参観したときに、このような織物が目の前で織りなされていく光景を目の当たりにしたことがある。授業の最初に行った子どもたちの朗読に教師は子どもたちの深い理解を感じとり、あえて「どうですか」というシンプルな発問から授業を始めた。その後は、ほとんど自動織機のように子どもたちの間で言葉が紡がれ、考えがより合わされ、織物が仕上げられるように詩の解釈が深められていった。教室は緊密な空間となっていた。教室全体が熱気を帯びてくると、一人一人のからだの細胞が動き出すかのように、思考はいよいよ活性化していった。このような場では「空間に力線が張られる感覚」は、実にリアルな感覚である。

からだがつくる関係性

からだは関係をつくっていく基礎である。相手にからだを向けたり寄せたりすることによって関係は変わってくる。声や眼差しは、身体が膨張して相手に触れることである。私は大学の授業でグループ・ディスカッションを頻繁にとりいれている。机と椅子が固定された階段式の教室でグループをつくってもらうと、いろいろな坐り方のグループができる。その中には、三人のグループなのに三人が一列に並んでしまうところや、グループの一人がからだを一八〇度ひねり続けなければ相手を見ることができないような坐り方をするグループが必ず出てくる。全員が全員の顔を見ることができる配置ではじめから坐るわけでは必ずしもないのである。

二〇人の演習や会議の場においても、二十角形をなすような位置のとり方をすることは意識的に工夫しなければできない。たいていは、細長い四角形に机がすでに並べられていてそれに沿って坐ってしまうので、七、八人が一直線に並んでしまい、その人たちはたがいに視線を交わすことはできない構造になってしまう。このような配置においては、各人が結ばれる対角線の数が二十角形の場合に比べて圧倒的に少ない。

ディスカッションの質は、空間の配置や時間の配分によって大きく影響をうける。議論を始める前に自分たちの身体の位置関係を、机や椅子を移動させてでも組み替えることは、重要である。しかし全員の顔が相互に見ることができるように位置どりをしたとしても、眼差しや声が向けられなければ空間に力線は張られない。大学生のディスカッションの場合、五人程度のグループでも、自分が話しているときに他の四人のすべてに眼差しを振り向ける学生はむしろ少数である。たいていは、話しかけやすい一人か二人に向かって話してしまいがちである。

私自身の経験としても講演会などで話をするときに、均等に視線を配るというのはなかなか難しい。緊張しているときなどは、宙を彷徨《さまよ》いがちになる視線の落としどころを探しもとめて、にこやかにうなずいて話を聞いてくれる人に視線を集めてしまうことになりがちである。うなずいてもらうだけで、自分とその人との間に線が結ばれた気がして安心する。実際には、うなずくことがたんに癖になっていて、何を聞いてもうなずいているだけというケースも少なくないのだが、講演中は、そういった首の自動運動にもすがってしまうことがある。話を好意的に聞いてくれている人のほうについ眼差しを向けがちだが、考えてみれば、そのような人はむしろ放っておいてもある程度の線が結ばれる可能性が高く、眼差しや声は話をうけいれる構えのできていない人にむしろ向けられるべきである。

身体が拡がるという感覚

「空間に身体が拡がる」という表現は、神秘主義的な印象を与えるかもしれない。しかし、ここで問題にしたいのは特別な神秘主義的体験ではなく、日常的に感じてはいるがあまり意識化されない感覚である。

たとえば、他人の声を聴くことは、いわば他人の身体の拡がりに触れることである。声は音である。そして音は振動である。声は身体の振動により空気が振動することによって伝わっていく。空気の振動が別のからだの鼓膜《こまく》にまで伝わって、それを震わせる。声を発している人の身体の振動と声をうけとった人の鼓膜の振動は、共振している。音叉《おんさ》を二つ用意し、片方をテーブルの上に立ててもう一つの音叉を鳴らした状態でテーブルに立てると、はじめに何もせずにおいてあった音叉も鳴り出す。これが共振である。

音の振動によって震えるのは鼓膜だけではない。オーケストラやロックや和太鼓の演奏をライブで聴くと、からだ全体に響く感覚を味わうことがある。お腹や背中に響きわたることもある。声や音には、耳に心地よいものと耳障りなものがある。からだを緩ませる声もあれば、からだを突き刺すような声もある。これは自分のからだにとって心地よい振動とそうでない振動があるということである。ボディソニックという機械は、音楽がソファやベッドの振動としても伝わる仕組みのものである。これを使うと鼓膜だけでなく、からだ全体の振動として音楽を味わうことがはっきりと体験できる。

また、難聴の子どもに音楽を楽しんでもらうために、大きめの風船を胸に抱きかかえて聴いてもらうという方法がある。風船の振動の変化を身体で感じとるということであろう。「音は響きである」ということをからだ全体で体験するには、一般的にもおもしろい方法である。最近、実際にこの風船を用いて演奏を感じる実験に参加したが、想像以上に手にビンビン響いてきたので驚いた。空間を音が振動として伝わっていることが実感できる面白いメニューである。

声が遠くまで響くかどうかは、必ずしも音の大きさばかりによるものではない。仏壇の鉦《かね》の鳴る音やコインが落ちたときに出る音は、それほど大きな音でなくとも広い範囲に響き渡る。声が遠くまで響くためには、まず声を発する者自身のからだがうまく響いていることがもとめられる。

私は先日、コンサートホールを借り切っての声楽家のレッスンの場に立ち合う機会に恵まれた。席をあれこれ移動しながら聴いてみると、どの席まで声の響きが伝わっているかが手にとるようにわかるのであった。指導する日原《ひはら》美智子先生の声は、たとえピアニッシモであっても、いちばん後ろの席にまでよく響いてくるが、それよりも大きな声で歌っているはずの生徒さんの声は必ずしもそれほどはっきりとは響きが伝わってこない。よく響く声は、倍音を多くふくんだ声であり、そのためには自分のからだの振動を感じとることが必要とされるということである。先生によれば、からだを緩めて、いわば「骨を鳴らす」感じであるという。

骨の響きを聴く

私たちは自分の声を空気の振動を通して鼓膜で聴くと同時に、自分の骨の響きとしても聴いている。この二つの音は、それぞれ気導音《きどうおん》と骨導音《こつどうおん》と呼ばれている。私たちは、テープに録音された自分の声を聴くと違和感を覚えやすい。どうも普段、自分が聴いている声とは違う気がする。これは、普段は自分の骨が響く音つまり骨導音をいっしょに聴いているのに、テープの声ではその部分が聞こえにくいためであるらしい。

骨導音を感じとることは、普段意識的にやっていないので必ずしも容易ではない。こうした音の伝わり方があるということさえ、一般にはあまり知られていない。この感覚を得るためにはハミングがよいと教えられたので、早速練習をしてみた。舌の位置を変えたり鼻の近くで鳴らしたり喉の奥で鳴らしたり、あるいは音の高さを変えてみたりといったように、いろいろなヴァリエーションを実験的にやってみた。すると、からだが響く感覚がするときとあまり響かないときの差が出てきた。風呂に入りながらやると小さな音でも響くので、からだがかすかに振動するのを感じとる練習になった。

自分の骨導音を聴くというやり方は、トマティス・メソッドという聴覚訓練法を開発したフランス人のアルフレッド・トマティス博士によって技法化されている。骨が振動する感触を味わうのに風呂が適しているのは、風呂の中ではからだが温まって筋肉が緩んでいるためでもある。ハミングをしていると、からだが振動するのがわかる。その振動を感じとることで、全身をさらに緩めていくのがコツである。

先日、能の舞台にはじめてあがらせてもらいへたな謡《うたい》をさせてもらったときに、自分の声で床の木が振動するのがはっきりと感じとられた。その振動がからだに伝わってきて、その振動に鼓舞されるようにからだはいっそう緩み、かつ力強くなってくる。他の人の声も正坐している足を通って振動として伝わってくる。木の響きは柔らかいので、心もちも柔らかくなってくる。

自分自身の声を響きとして感じながら、同時に相手を意識しながら話すというのはおもしろい経験である。自分を見失わずに意識を拡げていく練習は、コミュニケーションの本質を思い起こさせてくれる。響きを意識することによって、相手との距離感が的確に感じられるようになるのである。

自分の中心をもたなければ他の人に呑みこまれるばかりであるし、逆に自分だけに感覚が閉じていれば他の人をうけいれることはできない。自分の中心をしっかり実感できることと他者に身心を開く構えをもつことは、表裏一体である。

自分のからだの内部の響きを味わっていると、自分のからだのどこが硬くなっているのかがわかってくる。緩んでいないところは、響きが伝わらない。からだが緩んできて響きが全身に伝わる感触が掴めると、自分のからだがしっくりと感じられてくる。からだが自分のからだとしてしっくり感じられるというのは、当然のことのようだが、現実にはそうでない場合も多い。他の人から見られているものとしての身体としてしか自分の身体を意識できなければ、過激なダイエットのように、時に自分の身体を嫌ったり憎んだりすることにもなる。

からだの響きを感じとる

響きとして自分のからだを感じるということは、他者の視線を媒介として自分の身体を捉えるときにはない安心感を与えてくれる。自分の内的な快感に没入するだけでは、独善的になる危険性があるので、遠くへ意識を放って他との距離感を的確に摑む練習も同時に大切である。心とからだが本当にしっくりいっているときには、自分のからだの存在を意識することはむしろない。反対に、自分のからだがひどくよそよそしく感じられて自分のものではないような状態も、時に起こりうる。

R・D・レインは『引き裂かれた自己』（阪本健二他訳、みすず書房）の中で、分裂病者の場合は自分の身体が自分のものとして感じられない傾向があると述べている。自分の身体が自己の側に属するのか、それとも世界の側に属するのか。この問いに厳密に答えようとすれば難しいが、およその感覚で答えるとすれば、一般的には自分の身体は自己の側に属すると答えるであろう。しかし、分裂病者の場合は、自分の身体がよそよそしく感じられ世界の側に属してしまうと感じられているとレインは言う。

身体は精神とは違って、物としての性格ももっている。ただしそれは、たんなる物体ではもちろんなく、メルロー＝ポンティの言葉を借りれば、からだは「世界をもつためのわれわれの一般的手段」である。私たちは自分のからだを通して周りの世界を捉えている。

目を閉じて周りの物を触って歩くブラインド・ウォークという遊びがある。これをやってみると、日常なじんでいるはずの場所でもまったく違ったものに感じられて、さまざまな気づきがある。物の手触りを感じながらゆっくりと触れていくと、普段知っていると思っていた物が違う物のように感じられる。この場合は、視覚中心の世界から触覚中心の世界へはっきりと移行したわけである。普段は、これに嗅覚や聴覚などを通して捉えられた世界が重ね合わされて、一つのまとまった世界が形づくられる。視覚においても、両眼で見るということは、単眼が量的に倍になるということではなく、二つのゾーンがズレながら重ね書きされることで奥行きの感覚が得られる。生物としてのヒトの身体構造が、知覚の大枠を決めている。

ダニの世界

エストニア生まれの著名な生物学者であるユクスキュルは『生物から見た世界』（日高敏隆・野田保之訳、思索社）の中で、生物によって知覚される環境世界が異なることを、有名なダニの例を用いて述べている。ダニには視覚や聴覚や味覚はない。ダニは動物の血を吸うために木の枝で待ち伏せし、下を通り過ぎる哺乳《ほにゅう》類の上へ落ちようとする。

ダニは、「獲物の近づくのを、その嗅覚によって、間違いなくかぎ分ける。つまりすべての哺乳類の皮膚線から流れ出てくる酪酸《らくさん》の匂いが、ダニにとっては、見張り場を離れて下へ落ちろ、という信号として作用するのである。そしてダニの敏感な温度感覚によってそれとわかる何か温かい物の上に落下したとすれば、ダニはすでに獲物である温血動物の上に到達しているわけで、あとはただ触覚の助けを借りて、できるだけ毛の少ない個所を探し出し、獲物の皮膚組織の中へ頭までつっこめばよいのである。そして温かい血液の流れをゆっくりと体内に吸いこむ」(p.13)。

ダニは、三つの知覚刺激を通して世界を構成している。「ダニを取りかこむ豊かな全世界は収縮して、大ざっぱに言えば、三つの知覚標識と三つの作用標識とからなるみすぼらしい姿に、つまりダニの環境世界に変化する。しかしこの環境世界のみすぼらしさこそ、まさに行動の確実さを約束する。そして確実さの方が、豊かさより大切なのである」(p.22)。

ダニの世界は、人の世界とはまったく異なっている。それだけでなく、時間感覚もまったく異なる。ダニは少しの変化もない環境世界でひたすら待ち続ける。ダニは何も食べなくても一八年間待つことができるという。これは人間の時間感覚では想像できない世界である。

本川達雄《もとかわたつお》の『ゾウの時間ネズミの時間』(中公新書)によれば、時間は体重の四分の一乗に比例する(あるいは体長の四分の三乗に比例する)そうである。動物のサイズによって時間は変わるのである。

文化人類学の諸研究が明らかにしているように、民俗文化によって世界の捉え方は異なり、身体技法も異なる。言語体系が異なれば、世界の切り分け方も異なってくる。丸山圭三郎が、『ソシュールの思想』(岩波書店)で述べたところによると、私たちはそれぞれの言語体系という網の目を通して世界を分節化して捉えている。たとえば、虹のスペクトルは連続的に変化しており、それを七色に分節化する文化もあれば、七色より少なくあるいはより多く分節化して捉えることも可能である。同じ虹を見ていても、見え方は言語・文化によっても異なってくるのである。

イヌイットの世界では、雪を非常に細かく分節化して捉える言葉があるという。必要に応じて、世界の分節の仕方も豊富になる。町工場の旋盤工で作家の小関智弘によれば、現場で用いられている削る関係の語彙は非常に豊かである。「削る(けずる・はつる)/挽く(ひく)/切る/剃る(へずる)/刳る(くる)/刮ぐ(きさぐ)/揉む(もむ)/えぐる/たてる/さらう/なめる/むしる/盗む(ぬすむ)」(『町工場・スーパーなものづくり』ちくまプリマーブックス、p.179)といった具合である。

この削るということに関する語彙の豊富さがおもしろいのは、それが捉え方の豊富さというだけでなく、それ自体が削る技の豊富さをあらわしている点である。

「たとえば旋盤《せんばん》を使ってバイトで鉄を削る場合は、けずるという。ところが、鏨《たがね》を使って鉄を削る場合は、はつるという。決してけずるとはいわなかった。揉《も》むというのはドリルを使って穴をあけるときに使う。（中略）一ミリ以上なら削ってくれというが、〇・〇二ミリ削ってくれというかわりに、さらってとかなめてとかいう。作るものや、使う道具や、作業のしかたによって、おなじ削るという仕事をそんな風に区別して表現してきた」（p. 179-180）。

こうした語彙は、繊細な感受力と削る技とが不可分の関係であることを示している。知覚と行為は縦糸と横糸のように織りなされ一つの技という織物に仕上がっている。物と身体の親密な関係が、ここには見られる。からだが道具になじみ、鉄になじんでいる。からだの技を通じて世界となじんでいる関係は、自分の身体さえもよそよそしいものとして感じられるあり方とは対照的である。

ヒトとしての身体

以上見たように、世界の捉えられ方は文化によって異なるが、その共通の基礎としてヒトとしてのからだの構造がある。しかし、ヒトとしての身体というものも、よく見ていくとヒトという枠組みだけには収まらない広がりと深さをもっている。

解剖学者の三木成夫《しげお》は、『胎児の世界』（中公新書）の中で、ヒトの胎児が魚類から両生類、爬《は》虫類、原始哺乳類といった進化のプロセスを個体発生として凝縮して繰り返すことを写真入りで明らかにしている。「胎児は、受胎の日から指折り数えて三〇日を過ぎてから僅か一週間で、あの一億年を費やした脊椎《せきつい》動物の上陸誌を夢のごとくに再現する」（p.107）。受胎三二日目の胎児には、えら

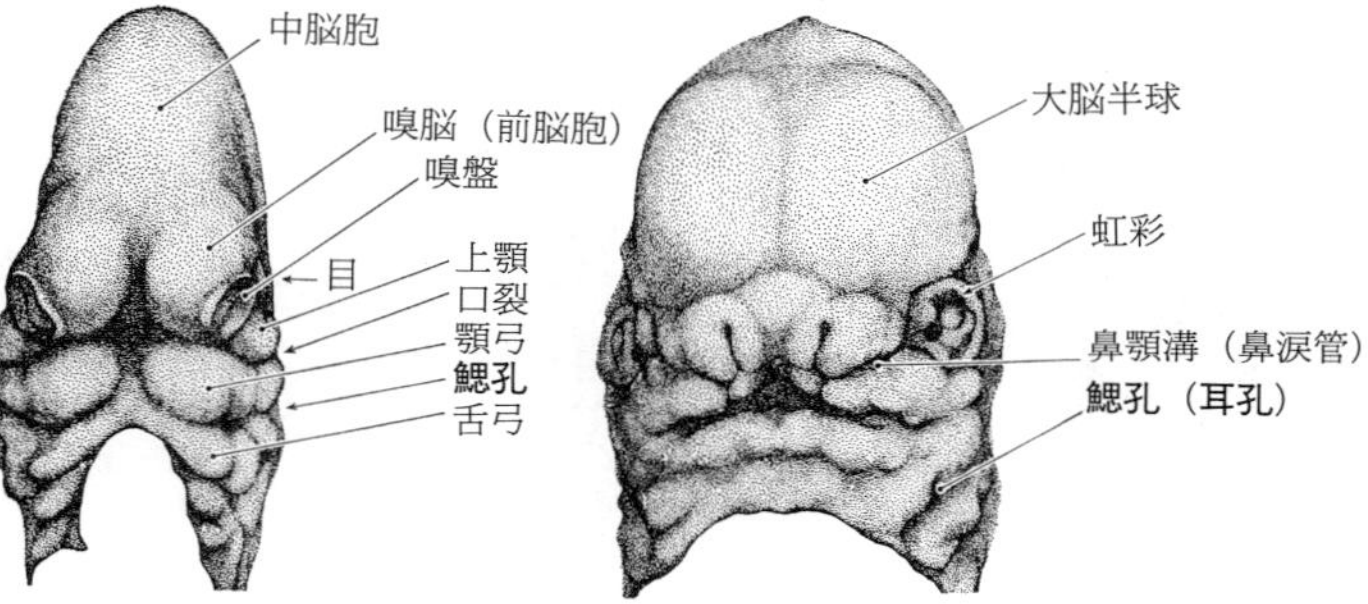

左は受胎32日目、妊娠２か月後半ごろの胎児の頭部顔面部を正面からみたもの。
右は、同じく受胎36日目。いずれも『胎児の世界』（中公新書）より。

が認められる。「頸《けい》部の切断面の両側に整然と並ぶ一連の裂け目を見るがいい。そこには、まぎれもない『鰓裂《さいれつ》』の形象が鮮やかに浮かび上がっているのではないか。（中略）……おれたちの祖先は、見よ！　このとおり鰓をもった魚だったのだ……と、胎児は、みずからのからだを張って、そのまぎれもない事実を、人びとに訴えようとしているかのようだ」(p.108-109)。

二日後の受胎三六日目には、胎児の顔は、原始爬虫類の相《そう》貌《ぼう》を見せる。そして二日後には、原始哺乳類の面影をみせ、四〇日目には獣というよりも、もはや人と呼んで差しつかえない顔があらわれる。この一週間ほどの胎児の顔の劇的な変化は、人がみずからのからだのうちに進化のプロセスを内蔵していることを明かして衝撃的である。

現在、進化の研究の中心は、遺伝子の研究に移ってきている。遺伝子情報は、進化の歴史のいわば決算書なのである。人体の解剖や、細胞及び遺伝子レベルの研究が進む以前から、神秘思想を中心に人体をミクロコスモス（小宇宙）としてマクロコスモス（自然）と対応させて捉える思想が連綿としてあった。

人間が一個の小宇宙であるという認識は、近代の心身二元論の確立によって主観と客観が分裂する以前は、むしろ自然なものであった。宗教学者のエリアーデは、多くの文化において身体と家や聖殿や都市との間にも、共通の象徴体系があることを指摘している。からだは、人間が世界を象徴体系として捉え、かつ構築していく場合の基本モデルなのである。オカルト的な思いこみは別として、自分のからだをミクロコスモスとして捉えることは、ある種の安心感をあたえる。三木成夫の思想的系譜をたどれば、ドイツの哲学者クラーゲス、そしてゲーテへとさかのぼることができる。

ゲーテの人間観と世界観

ゲーテは、日本では文学作品でよく知られているが、『色彩論』をはじめとして、自然研究においても大きな業績を残している。ゲーテは色彩論のほかに地質学や気象学、あるいは動物学や植物学の研究を行っている。こうしたさまざまな自然科学論は、ゲーテにおいてはそれぞれバラバラなものではなく、複合的な世界観・人間観につながっている。人間にとって世界とは何か、あるいは世界における人間とは何かという問いをゲーテは常にもち続け、自然の諸現象と人間を結ぶ根本原理を探求する。男女の結びつきをテーマとした小説に『親和力』という化学用語を用いているのもこの態度の現れである。

こうしたスタンスは、宮沢賢治『春と修羅《しゅら》』の序の「わたくしといふ現象は／仮定された有機交流電燈の／ひとつの青い照明です」を思い起こさせる。『親和力』では、エドアルトとシャルロッテという一組の夫婦の関係に、一人の男性（大尉）と一人の娘（オティーリエ）がくわわることによって、四人の男女の間で関係が結ばれたり引き裂かれたりする様子が記述されている。物語のはじめのほうで大尉が予言的にこう言う。

たとえば、われわれが石灰石と言っているものは、純度の差こそあれ、みな石灰土で、われわれには気体の形で知られているある柔かい酸（炭酸ガス）としっかり結びついています。この石灰石の一片を取って稀硫酸につけると、硫酸は石灰石を摑まえ、これといっしょになって石膏《せっこう》を形成します。ところが、石灰石と結びついていたあの気体性の柔かい酸は、逃げてしまうのです。つまり、分離が行なわれ、新しい合成物が生まれたわけで、こうなるとわれわれも、〈親和力〉という言葉を使って差しつかえないような気分にさせられます。じっさい、まるで、ある関係よりはある別の関係のほうに優先権が与えられ、ある関係がある別の関係を押しのけて選びとられたかの観があるのですから（『ゲーテ全集6』浜川祥枝訳、潮出版、p.135）

Aは B と親密に結びついていて、いろいろの手段を使っても、また外部からさまざまの圧力を加えても、Bから引きはなされないとします。CもDにたいしてちょうどこれと同じ関係にあるとお考え下さい。いまこの二組を接触させて見ます。すると、AはDの、CはBのところへ飛んでいきますが、どちらが先にもとの相手を捨てたのやら、どれが先に別の相手とまた結びついたのやら、どうにもはっきり言うことはできないのです（p.137）

形態学とは

ここでゲーテがテーマとしているのは、人と人の間の関係に働く力である。ゲーテは、力とともに形態に強い関心を寄せた。ゲーテは植物のメタモルフォーゼ（変態）に「生の根本原理」を見出した。ゲーテは、形態学（モルフォロギー）の創始者である。ゲーテは「形態学序説」において化学や解剖学の意義を評価しつつも、次のように述べている。

生命ある存在を分解してゆけば、たしかに諸要素に到達はできる。だが、この諸要素を集めてみたところで、もとの生命ある存在を再構成したり、生の息吹きを与えることはできないのである。このことは、有機体はもちろん、多くの無機物についてもあてはまる。

だからこそ学者たちもまた、いつの時代にあっても抑えがたい衝動を感じてきたのである。それは、生命ある形成物そのものをあるがままに認識し、眼にみえ手で触れられるその外なる部分部分を不可分のまとまりとして把握し、この外なる諸部分を内なるものの暗示として受けとめ、こうしてその全体を幾分なりと直観《アンシャウウング》においてわがものとしよう、という衝動である。

（『ゲーテ全集14』木村直司他訳、p.43）

こうした衝動に答える学説を形態学と名付けたいという。ゲーテの形態学の重要な点は、それが静的な形態研究ではなく、動的な変容が中心とされた研究であるということである。ゲーテはこれを、ドイツ語のゲシュタルトとビルドゥングの違いとして説明する。

ドイツ人は、現実にさまざまな姿をとって現われてくる存在を集約して示すために、形態《ゲシュタルト》という言葉を用いている。この表現を用いれば、生動し変化するものが捨象され、いいかえれば、相互に作用しあって全体を形成するそれぞれが固定され、他とのつながりを断って、一定の性格を示すことになる。

しかし、あらゆる形態、なかでも特に有機体の形態を観察してみると、そこには、変化しないもの、静止したままのもの、他とのつながりをもたないものは、ひとつも見出せず、むしろすべてが運動してやむことがないといわざるをえない。それゆえ、われわれのドイツ語が、生みだされたものや生みだされつつあるものに対して形成《ビルドゥング》という言葉を用いているのも、十分に理由のあることなのである。(p.43-44)

ビルドゥングという思想

ここで注目したいのは、形成と訳されているもとのドイツ語「ビルドゥング(Bildung)」である。

ビルドゥングは、通常は日本語で「教養」あるいは「自己形成」などと訳される。ビルドゥングス・ロマンというのは、教養小説もしくは自己形成小説ということである。ビルドゥングス・ロマンという小説の形式は、一人の人間がさまざまな人との出会いや出来事を通じて困難を乗り越えながら成長していく物語である。

このスタイルの小説の始まりはゲーテの『ウィルヘルム・マイスターの徒弟時代（および遍歴時代）』とされる。植物が種子からやがて芽を出し花をつけ実をつけていく生長のプロセスのように、人間の成長が描かれる。ロマン・ロランの『ジャン・クリストフ』に典型的に描かれているように、主人公は友情や恋愛、あるいは抗争や戦争などさまざまな困難などを栄養にして大きな樹木のような存在へと成長していく。

ゲーテの描くビルドゥングは直線的な単純なものではなく、むしろ回り道をし、いわばらせん形に上昇していく軌跡をたどるように描かれる。主人公は放浪し運命の力に翻弄されながら、やがて自分の社会的な使命に目覚めていくのである。そこには、人間のいわばメタモルフォーゼが描かれている。ゲーテの形態学は、植物と人間を単純に類比的に捉えるようなものではなく、細かな観察に基づいた科学的な研究である。ゲーテ自身、大切なのは事実を「記述」することであり、「説明」することではないと言っている。

しかし、ゲーテの思想には、植物から動物そして人間に共通する原型をもとめようとする傾向が明らかにあった。したがって、ビルドゥングという概念は、植物の形態形成にも人間の成長にも用

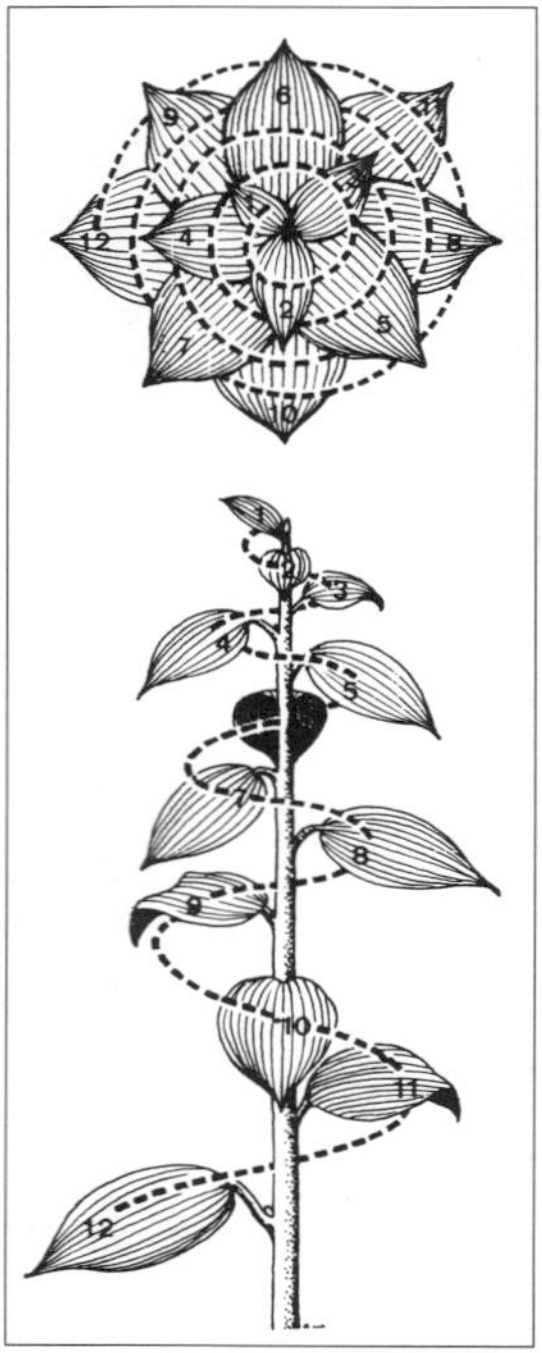

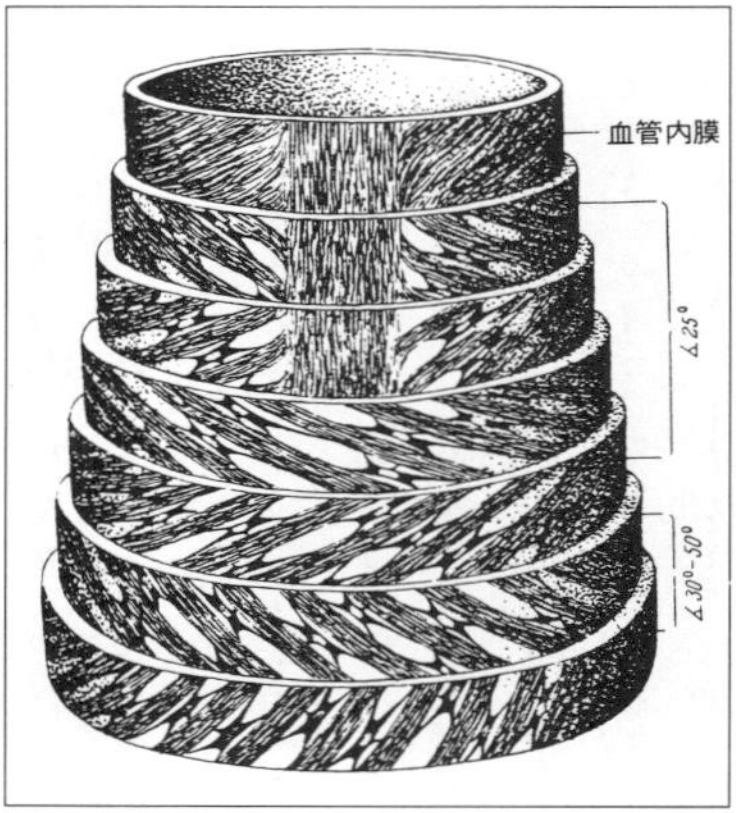

左は、らせんをなしながら生長する植物。上から見ると、みごとな渦を巻いているのがわかる。右は、大動脈の各層の繊維がらせんを描きながら交織している格子をあらわす。いずれも『生命形態学序説』より。三木成夫は、渦巻やらせんが宇宙と生命の根本原理であると言う。遺伝子の二重らせん構造というミクロレベルから、渦巻星雲のようなマクロなレベルまで、渦巻やらせんは発見される。ゴッホの糸杉の絵では、世界全体が渦を巻いて表現されている。

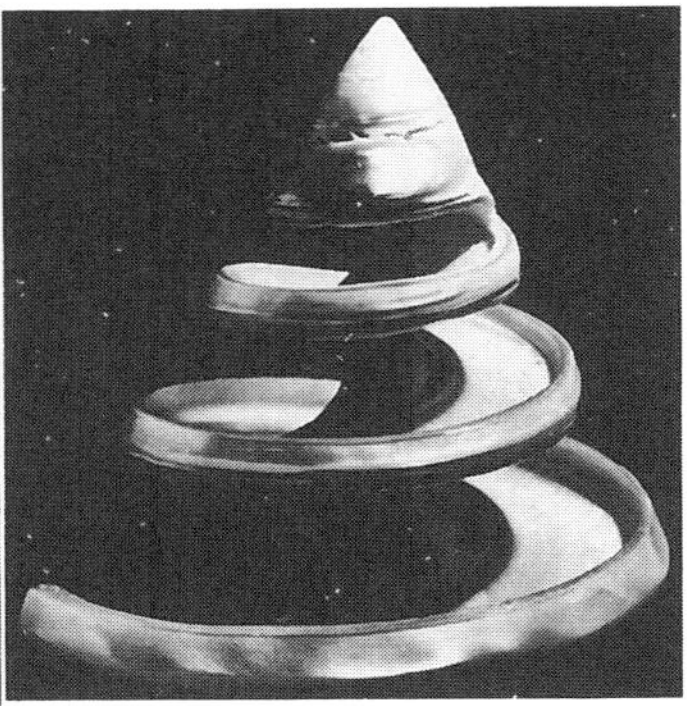

ルネ・ユイグは『かたちと力』（西野嘉章・幸田光徳訳、潮出版社）において、自然界と芸術作品に一貫してみられる渦巻の普遍性について豊富な資料をもちいて説明している。左は、ダ・ヴィンチの設計図に基づいて制作されたヘリコプターの模型。右は、内部構造を抽出するため、タイの職人によって切り出された巻貝（いずれも同書より）。力が形となり形が力を支える。らせん状を描いて上昇するイメージは、対照をなす二つの極の間を行きつ戻りつしながら弁証法的に高次の段階へ至っていく自己形成のイメージである。坪井繁幸『メビウス身体気流法』（平河出版社）は、メビウスの輪の動きを身体技法として提唱しているものである。「カタチのもつ〈場〉の作用性」を具体的な身体技法で捉えている。私自身がこの身体気流法を練習した経験によれば、らせんやメビウスというカタチを身体技法として行うことによって、空間と自己との関係が変容する感覚が生まれる。

いられるのである。また高橋義人《よしと》『形態と象徴』(岩波書店)によれば、「それまでは昆虫についてしか使われなかった『メタモルフォーゼ』という概念を、植物や動物や、さらには人間にまで適用したのも、ゲーテをもって嚆矢《こうし》とする」ということである。高橋によれば、「自然、特に有機的自然には形態形成の源となる生き生きとした力が内在している。これはその全生涯にわたるゲーテの固い信念だった」。ゲーテは、生命を捉えるにあたって、アリストテレス以来の伝統的な質料―形相の二元論の間に五種類の諸力(能力・力・威力・努力・意欲)を媒介として位置づける。

精神と物質

つまり、ゲーテが一貫して問題としているのは「形と力」の問題である。この「形と力」というテーマは、人間においてはまさに身体性においてあらわになるテーマである。人間にとってからだこそ形あるものであり、力がイメージされる場所である。ゲーテにとっては、五つの諸力は物質的な力と精神的な力の両方をふくむものである。

近年の身体論をリードしてきた哲学者の市川浩が「精神としての身体」や「身《み》」という概念で捉えようとしたのも、究極的にはこの「形と力」というテーマであったと思われる。近年の身体論は、精神と物質の二元論を生命の現実に即して捉え直そうというもので、ゲーテの関心は現在の身体論の関心の一つの源流になっているといえる。「生命の形態学」を追求した医学者の三木成夫は、生命の根元をらせん構造に見るが、この見方の源として、ゲーテが植物に見出したらせん構造がある。

らせん的な上昇運動について、ゲーテは「分極性」と「高昇」という概念で捉えている。古代ギリシャの哲学者ヘラクレイトスも洞察したように、世界は対照的な二極の間の運動・闘争によって動いている。潮の満ち干き、磁力における陽極と陰極、身体の緊張と弛緩など、二つの極の間を往復しながら、世界や生命は持続している。ゲーテのイメージは、この往復がたんなるくり返しではなく、らせん状に上昇していくというものである。

高橋義人の表現を借りれば、次のようになる。「こうした物質的な力と精神的な力は、経糸《たていと》と緯糸《よこいと》のように織りあわされながら生物の全体を形成してゆく。物質と精神とはじつは相互に浸透しあっている。つまり分極性が牽引《けんいん》と反撥《はんぱつ》、収縮と拡張、呼気と吸気などの運動を通して物質に活力を与える一方、高昇は物質を個として統一させ、複雑にしてより完成されたものをつくり出すのである」（p.189）。

ゲーテのメタモルフォーゼの考え方や色彩論は、ルドルフ・シュタイナーにも大きな影響をあたえている。シュタイナー教育の創始者として日本でも名を知られるようになったシュタイナーは、イメージの力を重視している。

イメージと身体

イメージとからだは、深く結びついている。言語的な指示によるよりも、映像的なイメージによるほうが、からだは動きやすい。イメージ・トレーニングという方法は、スポーツの領域をはじめ現在ではさまざまな分野で行われている。

ただしシュタイナーの言うイメージは、イメージ・トレーニングのように目的が限定された映像イメージの活用ではなく、イマジネーション（想像力）の創造性をふくんだものである。シュタイナーにとっては、味覚や嗅覚、視覚といった感覚は感情をともなったものである。たとえば、オレンジ色は温かな感情を引き起こし、また青はクールな感情を引き起こす。色彩は強力なイメージとして人間に働きかける。シュタイナーは色彩のもつイメージの力を重要視し、フォルメンというカリキュラムにまで方法化している。

シュタイナーは『ゲーテの世界観』（溝井高志訳、晃洋書房）という著書の中でゲーテの変態（メタモルフォーゼ）や色彩論について詳しく論じている。ゲーテが自然の根本的な原理だとした分極性と上昇という二つの概念を、シュタイナーもまた根本的なものだと考えている。ただしシュタイナーは、超感覚的な霊的世界における魂の成長を体験的に直感し、その霊的直感を思想の基盤において いる点で、ゲーテとは異なっている。シュタイナーの世界観は広く深いが、彼の言う「超感覚的世界の認識」は神秘主義的色彩が強すぎるので、からだを論じる場合には注意深くとりのぞかれるべきであろう。

オイリュトミーとは何か

イメージの力は、からだの問題にとって重要である。シュタイナーのオイリュトミーという方法は、イメージの力で動く一種の体操あるいは舞踊である。

私自身がオイリュトミーを体験した中で印象に残っているのは、たとえば十数人で手をつないで円をつくり、回りながら中心を感じるというものである。普通、円をつくる場合は内側を向くが、この場合は全員外側を向く。その状態で円の中心を感じるためには、背中の側の感覚を研ぎ澄ます必要がある。背中の側の感覚は、いわばウラの感覚であり、普段あまり意識しない感覚なので新鮮であった。しかも背中の表面上のある点を意識するだけでも難しい上に、この場合は、からだから数メートル離れたところにある見えない中心点を感じとろうとするのであるから、そう簡単なことではない。厳密にそのような一点をイメージできなくとも、そのような点をイメージしようとして背中の感覚を研ぎ澄ますことによって、背中が温かく感じられるようになり、普段は意識することの少ない背後の空間をリアルなものとして感じるように感覚が開かれた。

立禅の場合には、からだの前面に太い樹を抱えこむような感じで両手を拡げる。これに慣れてくると柔らかな空気の風船を抱えているような感覚になり、長時間手を上げていてもさほど疲れなくなる。私が気に入っているのは、仰向けに寝ながら、大きな球を抱くように両手を上げて円をつくるというやり方である。手の力をできるだけ抜いて、息のテンポで腕の中の球が軽く膨張と収縮を繰り返すような感覚、あるいは磁力のように引力と斥力が微妙に交替するような感覚でこれを行うと、筋肉で腕を上に支えている場合と比べて、格段に長時間疲れずに続けることができる。このようにからだの表側でつくる球や円の場合は、比較的自然に感じられる。

これに対して、背中側で他の人と共同してつくった円の中心を動きながら感じるというやり方は、自然な感覚ではなかったが、東洋の伝統的な身体技法にはあまり見られないダイナミックさがあった。このオイリュトミーがとりわけ印象に残っているのは、おそらくこれが人間の〈中心感覚〉と〈距離感覚〉の関係について示唆的だからである。

からだの外に中心を感じる

「臍下丹田の一点に気をしずめる」と言うときの臍下丹田は、身体の内部において中心としてイメージされる点である。腰肚文化という言葉で表現しようとしたのは、主に自分の身体の内側の中心感覚である。自分のからだの内に中心もしくは「芯《しん》」として感じることのできる場所をもつことができていれば、大きな安心感を得ることができる。周囲の状況の変化に動じない心のあり方を、からだの中心感覚と重ね合わせて技化しやすい。言葉を換えれば、自分のからだの内に重心がたしかにあるという感覚を習慣化することによって、心身の安定を増すことができる。

これと一見対照的なようであるが、外に力を放つこと、あるいはからだの外に中心を感じることによっても、安定は得られる。たとえば、このことは自転車に乗る練習をしているときにも起こる。自転車にうまく乗れないうちは転ぶのが怖いせいもあり、自分の足元にばかり意識や視線が行きがちである。このいわば「意識が閉じこもった」状態では、自転車に乗ることができる人でも上手な走行は難しい。しかも上体は折れ曲がって緊張して硬くなっているので、ハンドル操作もぎこちなくなる。

子どもに自転車乗りを先日教えた際には、軽く押して勢いをつけて送り出すときに「背筋《せすじ》を伸ばして遠くを見るように」という指示を出したところ、格段にスムーズになった。これは、バランスを必要とする技では一般的に行われているアドバイスである。遠くに意識を放つことによって、自分の中心や中心軸がむしろ安定するのである。

意識を放つ

「意識を放つ」ということは、そこにもう一つの中心点をもつということである。自分の意識と視線によってつくられた点が、自分の身体を引っ張り誘導する役割を果たすのである。その外部の点があまりに身体に近いとブレが大きくなる。これはグラフ用紙にたとえば y＝½ x という直線を描く作業に似ている。原点が自分の中心体であるとすると、もう一点を決めることで直線を引くことができる。このとき座標（1、1／2）と原点を結ぶと、先のほうにいってブレが大きくなる。もう少し先の座標（10、5）と原点を結べばブレは少ない。

遠くに中心をもう一つつくることによって方向性と距離感が安定しやすくなり、結果として自分自身にも余裕が生まれる。これから行く方向と距離が摑めていれば、次の時間に起きる事態がある程度予測できるので、先が見えないパニックに陥ることがなくなる。背筋が伸びることによって、測量の器械をまっすぐに立てるように、方向と距離が安定して測られるようになる。一流のスポーツ選手の背筋はたいてい真っ直ぐだが、これは周りのものとの的確な方向と距離をつかむことによって運動を安定させることにつながっている。外に意識を放つやり方は水平方向ばかりでなく垂直方向でも可能である。背骨が真っ直ぐになることで横隔膜呼吸がしやすくなり、呼吸が深くなって気持ちに余裕が生まれる。

ヨーガに死体のポーズというものがある。これは、リラックスして寝ころんで、自分のからだが死体になったようにイメージするポーズである。本格的には一時的な仮死状態に近い状態をつくるのかもしれないが、私がやっていたのは、とりあえず意識のしがらみをすべて断ち切ってからだを投げ出すというやり方であった。地面にからだを投げ出すというイメージや地球の中心にからだを任せるというイメージによって、頭の中のざわめきが静まっていった。これは垂直方向に下のほうに意識を投げ出すやり方であり、究極的なイメージとしては、地球の中心をイメージして、そこから引っ張られるような感覚に身を任せるというものである。

これと似たものに、シュルツの自律訓練法がある。これは、腕や足が温かくなり重くなるといったイメージによって身心をリラックスさせ、自律神経系がうまく働くようにするための方法である。この自律訓練法は、神経が鋭敏になりすぎてノイローゼ気味になり、睡眠などからだの自然な働きがうまくいかなくなった場合に効果的な方法だとされている。

この方法は簡単で効果的なものであるが、こうした身心の諸技法には相性というものがあって、私の場合はこの方法とはあまり相性がよくなかった。というのは、たとえば「右手が重くなる」とイメージすることによって、右手そのものへの意識がかえって過剰になってリラックスしにくかったのである。リラックスするはずの技法でむしろ緊張してしまうのである。あまりにもうまくいかないので、半ばやけになってからだを自分のものじゃないもののようにイメージして放り出してしまった。するとずいぶん気が楽になり、結果としては自律訓練法がめざす身体の状態に近づいた。

ヨーガの逆立ちも、同じ「放り出す」というイメージがコツとしてはよかった。ヨーガの逆立ちは、手を頭の後ろで組んで、両肘から先と頭頂部で立つというやり方である。筋肉を緊張させて立つという仕方であると疲れやすいが、地面に流れこんでいく感覚だとリラックスし疲れにくい。

LETという感覚

禅の思想を欧米に広めた鈴木大拙《たいせつ》は、「禅思想の観点から見て英語で一番重要な単語は何ですか」といった主旨の質問を受けた。その答えは、ネイチャーやナッシングと言ったものではなく、letであった。名詞でも形容詞でもなく、letという一風変わった動詞が選ばれたのは印象的であった。Let it be. や Let it go. といった用法に見られる、「させておく」という意味のletである。死体のポーズや逆立ちのポーズでの感覚は、このletの感覚であった。禅に「放下《ほうげ》」という言葉があるが、まさにこの感覚であり、「地球の中心に向けて Let it go」といった感覚である。

オイゲン・ヘリゲルの『弓と禅』（稲富栄次郎・上田　武訳、福村出版）の中でも、このletの感覚が課題となる場面が描かれている。弓道では、矢が弓から放れるときのことを「放れ」と呼ぶ。「放す」であれば、主語は私である。しかし、私が矢を放すという意識にとらわれていると、弓道でもとめられている射はできないとされる。ヘリゲルは、的に当てようという意識や自分が矢を射るのだという意識をどうしても捨てることができない。そんな自意識過剰の課題をもつヘリゲルに対して阿波研造師範はこう指導する。

「あなたは何をしなければならないかを考えてはいけません。どのように放れをやるべきであるかとあれこれ考えてはならないのです。射というものは実際、射手自身がびっくりするような時にだけ滑らかになるのです。弓の弦《つる》が、それをしっかり抑えている親指を卒然として切断する底でなければなりません。すなわちあなたは右手を故意に開いてはいけないのです」(p.55)

しかし、ヘリゲルは「放れ」について考えすぎて力んだ状態に陥ってしまう。そこで師範は、「自己自身からの離脱」を促進させるために次のような比喩を用いた。

「あなたは引き絞った弦を、いわば幼児がさし出された指を握るように抑えねばなりません。幼児はいつも我々が驚くほど、そのちっちゃな拳の力でしっかり指を握りしめます。しかもその指を放す時には少しの衝撃も起りません。なぜだかお分りですか。というのは小児は考えないからです――今自分はそこにある別の物を掴むためにその指を放すのだとでもいう風に。むしろ小児は全く考えなしに、また意図も持たずこれからあれへと転々して行きます。それで小児は物と遊んでいる――同様に物が小児と遊んでいるとはいえないにしても――といわねばならないでしょう」(p.56-57)

こうした言葉を聞いても、「もし私がしなければ一体どうして射が放されることができるのか」という疑問を持ち続けるヘリゲルに師範は「〝それ〟が射るのです」と答える。その後、「尋ねないで稽古しなさい」という師範の言葉にしたがってヘリゲルは稽古に打ちこむ。そしてある出来事が起こる。

その頃ある日のこと、私が一射すると、師範は丁重にお辞儀をして稽古を中断させた。私が面食らって彼をまじまじと見ていると、「今し方〝それ〟が射ました」と彼は叫んだのであった。やっと彼のいう意味がのみ込めた時、私は急にこみ上げてくる嬉しさを抑えることができなかった。

「私がいったことは」と師範はたしなめた、「賛辞ではなくて断定に過ぎんのです。それはあなたに関係があってはならぬものです。また私はあなたに向かってお辞儀したのでもありません、というのはあなたはこの射には全く責任がないからです。この射ではあなたは完全に自己を忘れ、無心になって一杯に引き絞り、満を持していました。その時射は熟した果物のようにあなたから落ちたのです。さあ何でもなかったように稽古を続けなさい。」(p.94)

ここでの「射は熟した果物のようにあなたから落ちた」という表現は、本質的な比喩である。水平方向に飛んでいく矢の動きに気をとられがちであるが、本質的な課題は落ちるのを正しく待つということにある。師範はこう言う。

「我々弓の師範は申します。射手は弓の上端で天を突き刺し、下端には絹糸で縛った大地を吊るしていると。もし強い衝撃で射放すなら、この糸がちぎれる虞《おそれ》があります。意図をもつもの、無理をするものには、その時天地の間隙が決定的となり、その人は天と地の間の救われない中間に取り残されるのです。あなたは正しく待つことを習得せねばなりません」。(p.59-60)

天と地を結ぶ垂直の軸をからだに通した上で、落ちるのを正しく待つ。道元もまた「身心脱落」という言葉を用いているように、この放下は禅的な基礎をもつ身体技法における本質的なサンス(方向性をもった意味感覚)である。

フランス語のサンス(sens)は英語のセンスという単語のように、「意味」と「感覚」という意味合いがあるほかに、方向性というニュアンスもふくまれている。カラダにおいては、意味としてはっきり形をとる前に感覚があり、その感覚は方向性をもっていることも多い。膨張することや収縮することは、外への方向性をもった感覚と内への方向性をもった感覚だと言える。サンスは「方向性をもった感覚としての意味」とでも言える言葉だが、サンスという言葉のおもしろさは、普通はバラバラなものである方向性と意味を感覚という基盤において結びつけて考えることができる点である。「放れ」における「落ちる」は、下方へのサンスである。

からだには、意識にのぼった意味だけでなく、言葉にしないまでも、さまざまな方向性をもった意味感覚が刻々生まれては消えている。現実の動きが生まれる前に、サンスが生まれていると考えることもできる。前に向かって足を踏み出すときには、前へのサンスがからだの内に潜在的にすでに生まれているということである。こうした動きとして顕在化する手前のサンスは、日本語で言う「気」の働きに近いものと言える。意味感覚の方向性はさまざまな方向へ向けられるが、東洋あるいは日本の身体技法の中では、下方への方向性が特別重要な意義をもっている。ただし、身体や心の内へ内へという方向性だけでは、からだも心も閉じていってしまう。もう一つの対照的な運動性とセットになることで、器が大きくなる。

ぶら下げの感覚

先に、ゲーテを代表とする、渦やらせん運動こそが生命の基本であるという思想について触れた。ゲーテは、そのらせん運動を対立する二つの極の往復に上昇運動がくわわったものとして理解していた。生命の進化が上昇的ならせん構造によってなされてきたかどうかの科学的な証明は別として、自分のからだの中にうねりを感じることは、太古の感覚とでも呼びたい感覚を呼び起こす。

野口三千三の野口体操は、からだを体液主体として捉え、流動的な原初生命体として自分自身を捉え直す方法である。野口体操の基本は、からだを緩めることである。野口は次のような原理を言う。「次の瞬間に働くことのできる筋肉は、今、休んでいる筋肉だけである」「今、休んでいる筋肉が多ければ多いほど、次の瞬間の可能性が豊かになる」（『野口体操　おもさに貞《き》く』柏樹社、p.20）。

そして緩んだ「ぶら下げの感覚」こそ人間が人間であることの基礎感覚であり徹底的に追求すべき問題だと言っている。「ぶら下げ」の具体的な動きについて野口はこう言っている。

両脚を腰幅に開いて、すっきり楽に立つ。

自分のからだの重さを地球と骨に任せ切って、骨盤を含めた上体を前下にぶら下げる。その「重さと思ひ＝イメージ」を大切にして、ぶら下がり流れて行く、よりよい通り道をつくるようにする。足の裏から脚→骨盤→腹→胸→肩→頸→頭・腕の中身の、細胞と細胞の間を空けるように、優しく細やかにゆっくり労わるように、思いつくままに、ゆらゆら、にょろにょろと、波のように柔らかい薄い布のように総のように、左右にゆすりながら……間を待つ。やがて、重さと思いが地球の中心にまで、繋がりつく、……という実感が生まれてくる……。地球との一体感。宇宙との一体感。そんな気持がほんとうにするのだが……。（p.79）

これは地球の中心へ自分の体の重さを任せていくうねりの動きである。野口は、「地球上のすべての存在の究極のふるさとは地球の中心である」と言い、そのもの自体の重さによって地球の中心とつながるあり方を基本だとしている。「ぶら下げ」の動きをすると、波や渦やうねりやらせんの動きと、重さによる下への動きが同時に感じられる。レオナルド・ダ・ヴィンチやゲーテのように、野口も波や渦やらせんこそすべての存在や動きの基本であるとしている。

私は、すべての生きものを生み出した海の濤《なみ》の動きと、事や物の象徴である吹き流しの旒《りゅう》に現われる神の息の風の動きと、地上をうねり這う蛇の動きの中に、底知れない大自然の神の意志の現われを感ずるのである。当然のことに、私の体操における動きの基本となり、生命となる。(中略)からだの動きにおいて、からだの中身に、蛇の動きに象徴される「なみ・うねり・ひねり・うづまき、ゆり・ふり」など、それらの多重構造の流れ・つたわりがないとき、その動きは「いのち」を失ったといってよく、新しい動きの世界は開かれない。(p.55-56)

野口の場合は、らせん運動を描きながら上昇してきた進化のプロセスを逆回しするように、下方へのらせんの動きがぶら下げとして基本になっている。この「ぶら下げ」の動きは、実際にやってみると案外簡単に楽しめるものである。風呂の中でからだを揺すっているような感じで、あるいはブランコの動きをだんだん大きくしていくような感じで、すでに起こっている動きを増幅させていくだけであちらこちらが緩んでくる。首の力や肩の力が抜けてくるようになると、首や肩のコリをとるのにもなかなかよい体操である。

ただし普通のラジオ体操などとは違って、たこが暴れているような動きにもなるのではじめて見る人は驚くことも多い。私が大教室の授業でこれを実演したところ、学期末の授業の感想に「授業の細かな内容より何より、あの体操をしていたときの一心不乱な姿が忘れられない」と書かれたりした。

ぶら下げは、型にはまった動きではない。しかしこの動きも、繰り返し行うことで新たな気づきが生まれる味わい深いものである。まさに基本＝奥義と言えるものである。野口体操は直接禅の影響をうけたものではないが、重さに任せたときの地球感覚を人間存在の基礎感覚としている点で、相通じるものがある。野口体操の場合は、一見だらしなく見える動きがむしろ中心になるので、能や坐禅のようにきっちりした型によってコントロールされた動きとは補完的な関係にある。


〈身体的自己〉


野口三千三の体操では、重さに身を「まかせる」ことが基本となっている。「自分がからだを動かす」という自意識を一度捨てて、「丸ごと一つのからだ」にまかせて、その声を「聴（貞）きく」ことが重要とされる。

野口は自分の体操を、「自分自身の生身のからだの動きを手がかりに、今ここで直接、体験するからだの中身の変化の実感によって、人間（＝自分）とは何かを探検するいとなみ」、あるいは「自分の中にある、大自然から分けあたえられた自然の力により、自分の中にある大自然から分けあたえられた自然の材料によって、自分という自然の中に、自然としての新しい自分を創造する、そのようないとなみ」（『原初生命体としての人間』三笠書房）などと自在に定義する。一貫しているのは、自分のからだの実感を信じること、からだを自然（宇宙）の分身と捉えること、からだを緩めて下方へ一度放つことである。

身体を通して感じとられる自己の感覚を〈身体的自己〉と呼ぶとすると、こうした〈身体的自己〉が、自己という意識の基盤をなすはずだという確信が野口にはある。野口の体操は斬新な方法ではある。しかし、身体を通して感じとられている自己の感覚そのものは、東洋・日本の伝統的な身心一如の思想と方法の系譜に連なるものである。

自己の内部にあると信じる自我に「凝り固まる」のではなく、意識を地球の中心にまで「放つ」ことが、「自分という自然の分身」を発見することにつながる。こうした野口の考え方には、一遍《いっぺん》上人の「捨ててこそ」や道元の「身心脱落」につながるものがある。

野口の場合は、息に関しては、息の重要性がいっそう深められた形で強調されている。腰肚文化に関しては、強調されることは少ない。これは、敗戦の影響や、「鍛える」という意識によって失われてしまうものが多いことへの危惧《きぐ》からくるものであろう。しかし、野口自身は、腰肚文化を高次元で体得している。

身心一如の〈身体的自己〉を、むしろ当然のこととして人びとが生きてきた長い伝統が日本にはあった。これ以前の章で〈腰肚文化〉と〈息の文化〉のリアリティを身体感覚のレベルで明らかにしようとしてきたのは、このことの再確認のためでもあった。

自己が〈身体的自己〉を基盤としたものだとする立場に立つと、「自己形成」ということのイメージも相当異なってくる。ただし「自己形成」という考え方の元祖ともいえるゲーテ自身は、これまで見たように、東洋的な生命観とも矛盾しない生命のイメージを基礎としてビルドゥングを捉えている。

垂直軸を身心の中心軸に体感できるということ。このことは、自分という感覚を実感できるために意外に大きな意味をもっている。成長していく、自立していく、他者を背負っていくというポジティブな方向性を、身体の感覚そのものとして感じられるということが重要なのである。身体を通して実感できるイメージは、リアリティをもつ。

「対照的な両極を往復しながら、らせん的に上昇する」というゲーテ的な自己形成のイメージと、「放つ」と「こめる」の対照的な運動の両立に中心感覚をもとめる〈身体的自己〉は、矛盾する関係にはない。「二一世紀の身体」という言葉からは、上昇と下降の運動のどちらもリアリティをもって実感できる感覚の懐の広さが私にはイメージされる。これは、表裏一体の関係にある〈中心感覚〉と〈距離感覚〉もまた技として身につけられた身体のイメージでもある。

次に、「二一世紀の身体」へ向けてのヴィジョンを、とくに腰肚文化の伝承に焦点を当てて述べたい。

終章　二一世紀の身体へ

癖の技化によるスタイル形成

本書を終えるにあたって二つの方向性を示しておきたい。一つは、「癖の技化《わざか》によるスタイル形成」である。もう一つは、「身体文化カリキュラム」である。まず「癖の技化」という考え方から説明をしていきたい。

武道や芸道では、まず癖を直すことがもとめられる。型による訓練は、個々人のもつ癖を矯正する働きをもっている。個々人が生活の中で身につけてしまった楽な自然の動きを、より高次の合理性をもった非自然的な動きへとつくり替えるのが、型の働きである。さまざまな癖は型の存在を通じていったん否定される。

武道・芸道の世界に比べて、スポーツの世界は、型の概念が比較的薄いこともあり、癖が生き残る余地が比較的ある。むろんスポーツにおいても指導者によっては特定の型にはめこむ者もいる。その場合は癖は否定されるべきものとなる。また癖の中にも、プレーのパフォーマンスにとって致命的な欠陥となるものと、それほど障害にならないものとがある。一流選手のプレーを見ていると、独自のスタイルをもっていると感じさせられることが多い。「自分のスタイルをもっている」と感じさせるプレーヤーの場合は、癖がうまく活かされて技に替えられていると見受けられることが多い。

イチローのスタイル

たとえば、イチローの振り子打法といわれる、右足を大きく振りながらタイミングをとり、からだの軸を移動させて打つ打法は、従来の打撃理論からは矯正されるべき悪癖と見なされうるものであり、実際、矯正を命じられたこともあった。この打撃の癖は、小学校時代にパワーがなかったイチローがバッティングセンターでボールをできるだけ強く遠くに飛ばすために編み出し身につけた技法である。結果がともなわなければ、これはただの悪癖と見なされるほかはなかったが、イチローの場合は結果を示すことによって、その癖が技であることを周囲に納得させたのである。

他人から見れば癖と見られるものも、システム全体の中で結果を出すように訓練され技化《わざか》されている場合は、他人には真似のしにくい独自な技となる。こうした技が、独自なスタイルをつくりあげるのである。芸術家の場合は、作品の歴史をたどるとスタイル形成の道筋がよりわかりやすい。

たとえばセザンヌの初期の作品を見ると、セザンヌらしさは見受けられても、スタイルを確立した以降のセザンヌの作品と比べるとセザンヌらしさが少ないように感じられる。初期の作品にもセザンヌらしい癖があらわれてはいるが、それが技化されてはいないと印象をうける。こうした印象はむろん、後期の成熟したセザンヌの作品のスタイルを基準にして初期の作品を見ることによるものであるが、スタイルの成熟という点で言えば、やはり後期のものが優れている。後期の作品の中に、初期の作品に見られた癖が技化されて活かされているのを見てとることができる。

これはセザンヌに限らず、多くの芸術家の作品に見られる成熟のプロセスである。むろんすべての癖が活かされているわけではなく、矯正される癖もある。しかしその芸術家のスタイルの核心部をなすものには、初期の癖が技化《わざか》されたものが活かされていると感じられるケースが多い。小説家の場合に、処女作品にその後の作品の萌芽がすべて（あるいはほとんど）ふくまれているとしばしば言われる事情と似ている。二人の画家が同じ風景を見て絵を描いたとしても、それが優れた画家たちであればあるほど、同じ絵にはならず、それぞれのスタイルが際立った作品となる。実際セザンヌとルノアールは同じ場所で同じ風景を描いたことがあるが、二つの絵はまったく異なった印象をあたえる出来となっている。吉田秀和は『セザンヌは何を描いたか』（白水社）において、この二つの絵を並べて批評している。どちらの絵をセザンヌが描いたかということを取り間違える人はおそらく一人もいないであろう。それほど、両者のスタイルは際立っている。

一流のスポーツ選手や芸術家にのみスタイルがあるわけではない。日常生活を生きる私たち一般人の生き方にも、スタイルはある。日常の生活ではスポーツにおけるほど結果を厳しく判定されない場合も多いので、癖が矯正される割合も比較的少ない。年齢を追うにしたがって、良い癖にしろ悪い癖にしろ矯正されるどころか際立ってくることも多い。たとえば皮肉なものの言い方が癖になっている場合でも、それが技化されていない水準であればたんなる嫌味にしか聞こえないが、技化されている場合には気の利いた批判としてうけとられる。かたくなであるという癖も、頑迷に映るときは癖と見なされ、「一本筋が通っている」と映るときには技と見なされる。

癖が技になっているかどうかは、受け手の基準にもよるが、ある程度の共通理解を得ることのできるものを癖の技化と呼ぶのが適当であろう。この癖には、その人の身体性が色濃く反映されていることが少なくない。たとえば、せっかちな話し方やおっとりした話し方というのはいわば話し方の癖であるが、これはその人の身体のもっているテンポに基づいている。歩き方や食べ方など生活行動の細部にわたってその人なりの身体性に基づいた癖があらわれる。人との接し方やコミュニケーションのとり方においても、各人の癖はあらわれる。そうした癖の中でも、他者との間にクリエイティブな関係を築くことのできるものは、技として見なすことができる。こうした技が基礎になってスタイルが形成される。この「癖の技化によるスタイル形成」は、稿をあらためて述べるべき大きなテーマである。

次に、「身体文化カリキュラム」について述べたい。

「身体文化カリキュラム」の試み

ここまで、腰肚文化や型の文化の重要性を強調してきた。しかし、これらを支えていた生活文化自体が変化してしまっている。こうした状況の中で伝統的な身体文化を伝承していくためには、「身体文化カリキュラム」として意識的に継承していくことが中心的な方策として考えられる。身体文化カリキュラムの中心は、技としての自然体を、坐る姿勢や立つ姿勢や歩く姿勢において身につけることと、呼吸法を体得することであろう。

こうしたカリキュラムは、それが教育の場で広く普及するためには、シンプルである必要がある。

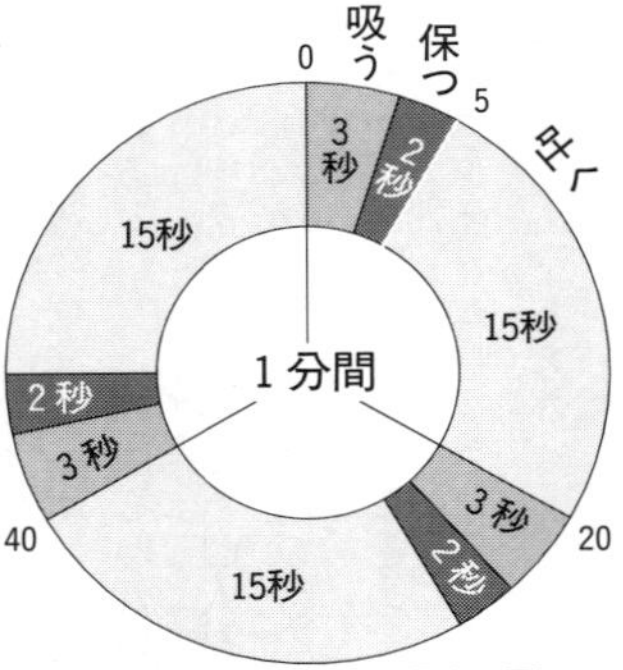

集中力を高める呼吸法

著者の考案した、いつでも気軽にできる呼吸法。吸う・保つ・吐くの1サイクルを6サイクル、2分間おこなうのが、まずは目安となる。いつでも、どこでも、とにかく時間があいたら試してみる。

ポイント・吸う――鼻から吸う。肩とみずおちの力を抜き、ゆったりとヘソの下に息を入れてふくらませる感じで。
・保つ――のどで息をツメルのではなく、腹に息を溜めて保つ感じで。「腹におさめる」イメージ。
・吐く――慣れないうちは口から吐く。ブハッと吐き出さずに、少しずつ少しずつ吐く。

それを教える教師や大人たちが身につけるのに時間がかかりすぎるようであると、普及は望めない。たとえば楊名時《ようめいじ》式太極拳は、従来の太極拳の複雑な動きをシンプルにしたものであるが、こうした簡易化された身体技法であっても、それを教えるものの技量が問題となる。私の経験では、楊名時式のものでも型を一通り覚えるのに相当の日数がかかった。子どもたちは比較的柔軟に動きを習得するかもしれないが、それを教え指導する教師の側がこうした身体技法を身につけることは、そう容易ではない。

　呼吸法に関しても同様であり、丹田や横隔膜といった言葉を用いての呼吸法の指導は、高度な身体感覚を要求し、教えられたその日にできるようになるようなものではない。そこで私は身体文化カリキュラムにおける呼吸法として、三秒吸って二秒保ち、一五秒かけて吐くのを一セットとし、それを二分間で六セットやるという呼吸法を提案した。この方法の利点は、丹田呼吸法に熟達していない教師であっても、この呼吸法をクラスで行うことができるという点である。「長く緩く吐くことを主とする」という東洋の伝統的な呼吸法の特質は堅持されているので、実際にこの呼吸法を行っていくうちに丹田呼吸法は自然に身近なものになってくる。

身体文化カリキュラムを一緒に練った武蔵野身体研究所の矢田部英正氏は、上虚下実の自然体がうまく体感できるイスを職人さんとの共同作業でつくりあげ、疲れにくく安定したイス坐の身体技法を指導している。みずおちの力が抜けて下腹部に充実感があるような上虚下実の身体感覚を感じとるためには、そうした目的でつくられた坐り心地のよいイスに腰かけて体験するのは手っ取り早い方法である。

坐り心地のよいイスとしてはデンマークのデザイナー、ハンス・ウェグナーのイスなどが有名である。ウェグナーのイスは私も使用しており、ヨーロッパでつくられたものであるが、通常のイスよりも上虚下実の自然体を体感しやすいものである。

ゆったりとした息で長い集中を持続しやすいイスは、イス坐が生活の中で不可欠になっている現在重要な課題である。とりわけ学校のイスは、長時間の学習をサポートするつくりになっている必要がある。また息の深い上虚下実の自然体を学ぶという目的から見ても、そうした身体感覚を会得しやすい優れたイスが備えられるよう提案したい。

姿勢と呼吸は学ぶ構えの基本である。それだけにそうした構えを身につけやすいイスの導入も、教育の課題といえる。腰が抜けすぎても腰を入れすぎても、懐の深いゆったりとした自然体はつくりにくい。自然体という感覚を工夫されたイスに坐ることを通して自然に身にしみこませていくことができるならば、ムカツク・キレルといった問題に対しての一つの対策ともなる。

腰肚《こしはら》文化を二一世紀に再生していくためには、畳の上での坐のよさを再評価していくとともに、イスの生活において上虚下実の自然体の身体感覚を技にしていくことがもとめられる。坐ることが構えの基本であり、文化であり技であるということをからだを通して実感することが先決である。そうした意味でも、このような工夫されたイスの意義は非常に大きい。こうしたイスと簡単な呼吸法を組み合わせることによって、腰肚文化の最も重要な基本は継承できると考える。二一世紀の身体とは、これからの子どもたちのからだそのものである。身心の中心感覚を育み、身心の懐を深くしていくのを助けるイスを、呼吸法とともに学校に導入する意義は大きい。

今のイスのケースでも明らかなように、二一世紀の身体は、欧米風の生活様式に、腰肚文化に代表される伝統的な身体感覚をどう活かしていくかということが課題となる。天秤棒を担ぐような生活に戻るわけにはいかないのであるから、現実の生活様式の中で身体文化を再生していく発想が重要である。身体感覚が磨かれることによって、それに合わせて生活様式をアレンジしていく方向性は十分考えられる。腰肚文化を過去の生活様式と不可分のものとしてではなく、基本を抽出して現代の生活に合うようにアレンジしていくべきであろう。

六方を踏んでみる

立つことと歩くことに関しての身体文化カリキュラムとしては、歌舞伎の型である「六方《ろっぽう》を踏む」ことや、能の歩き方である「すり足」などをとりいれた。この二つについては、フランスで長年舞踊と演劇の指導をしてきた古関須磨子さんに私の授業で大学生相手に指導して頂いた。

著者の行っている「身体文化カリキュラム」の授業で、実際に六方を踏む著者（左から２人目）**と学生たち**（写真提供：朝日新聞社）。

六方は、同じ側の手と足を上下させながら前に進む動きである。腕を箱形にして、足の上げ方も腿が地面と平行になるようにきっちり上げる。全体にカクカクとした印象をあたえる見た目におもしろい動きである。

この六方のよさは、腰や肚《はら》が決まっていないと、前に進む際に全身が上下動してしまうので、腰肚ができているかどうかを見やすいという点である。足を上げるときにハッと気合いを入れる。手の先足の先までピンと神経を通わせることで、ピシッとした動きになる。全体としてメリハリの利いた動きが要求される。ピッとからだを固める動作は、日常生活では少なくなってきているので、からだを固めるコツを摑むのにも適している。一見奇妙な動きではあるが、歌舞伎の型であるということで習う側に対しても説得力がある。身心の「張り」を実感し、腰肚を中心とした中心軸の感覚を技化《わざか》していくためには、効果的な型である。

六方をやると場全体が沸き立つようになる。これと対照的なのがすり足である。地面からできるだけ足を離さないようにして膝に余裕をもたせて半眼で歩くすり足は、不思議な時間感覚をあたえる。悠久の時を感じさせるような音楽とともにすり足を行うと、空間的にも時間的にも「無限の彼方」という感覚に触れる気がする。太古と未来、生と死などの「あわい」を身体感覚として感じとりやすい。日常的な自己の意識ではない、よりゆったりとした感覚にからだが浸透される気がする動きである。実際にやってみた大学生の感想は好評であった。

私の感触としても、坐ったままで瞑想をするよりも、すり足のほうがむしろ容易に瞑想的な世界に入ることができるように感じた。瞑想的な世界といっても、それほど超感覚的な神秘体験という意味ではなく、日常では感じとりにくい大きな時間的空間的な感覚に触れることができるという意味である。静かな湖の湖面の上を歩くようなイメージですり足を行っていると、心もブレが少なくなり澄んでくる。余裕がなく近視眼的になりがちな日常の心身の状況にとっては、リフレッシュの効果をもつ型である。

このすり足もまた、能の型として伝統をもつものであり、日常生活においてもすり足は浸透していった。その意味で、これは数百年にわたる実験と評価をくぐり抜けてきたものであり、思いつきの動きとは異なる。その意味で、新薬を用いる際に懸念されるような副作用は、比較的少ないといえる。こうした身体文化カリキュラムをつくっていく上においては、軍隊のイメージや怪しげな神秘主義のイメージときっちり一線を画すことがとりわけ重要である。伝統の裏づけをもったたしかな動きを基礎としてカリキュラムをつくっていくことが基本方針としてもとめられる。

身体感覚をどう伝承するのか

こうした伝統のある動きの型は、基本的な身体感覚を伝承していくのに役立つと同時に、自分の癖や特性を意識化するのにも役立つ。六方やすり足を演劇のトレーニングメニューとしてとりいれていた演出家の鈴木忠志《ただし》は、哲学者・中村雄二郎との対談『劇的言語〔増補版〕』（朝日文庫）の中で次のように言っている。

われわれの肉体というのも仕掛けがないと対象化できない。肉体意識の唯一の保証は苦痛であると三島由紀夫が言うのもその意味ですが、例えば日本の伝統芸能の約束事などは、ほとんど肉体を対象化する仕掛けなんですね。俳優は自分の肉体に対してある距離感を持っていなければ、肉体を対象化できないわけですから、その距離感をつくりだす仕掛けとしていろんな約束事が存在する。例えば摺り足というのは、若いうちは無意識に体力でできるけれども、年をとったら体力では無理ですね。そのときに摺り足というあの制約があることが、かえって技術化の大事な要件になるようです。どんな場合でも演技の技術というものは、ある制約のなかで考えない限りあり得ないものですからね。そういうふうに摺り足というものも、肉体がつねに検証される仕掛けになっているわけです。そして俳優は、年齢の変化にしたがって技術化を行ないながら対応していく。だからその技術も、細かく見れば普遍化できるものではなくて、その人自身にしか所属しないものなんですね。(p.185-186)

俳優が自分自身の独自性を知るために、伝統的な肉体の仕掛けをくぐることが有効であるという鈴木の認識は、二一世紀の身体にとって重要な示唆をふくんでいる。それは一つには、先の「癖の技化《わざか》」と関係することだが、自分の肉体との距離感を摑むために伝統的な動きの型が有効だということである。型を通して自分の癖や特性が浮かびあがる。それをむやみに否定し矯正するのではなく、そうしたものをうまく自分の得意技に磨きあげていく方向性が、従来の型の理論にはないやり方として考えられる。型を一つの物差しとして自分の肉体との距離感を摑むというやり方は、自分のからだを基軸として他者との距離感を摑むことにつながっている。

現代日本においてからだが問題にされるとすれば、問題の焦点は〈中心(芯)感覚〉と〈距離感覚〉にあると考える。ディスカッションやプレゼンテーションは日本人の得意とするところではないとされているが、これは、そうした欧米的なコミュニケーションの型における〈距離感覚〉が技化されていないことが一つの大きな要因である。

英国のロイヤル・ナショナル・シアターの演劇ワークショップに参加したときに感銘をうけたの

は、他者との距離感の明確な摑み方である。目と目を合わせるアイコンタクトがコミュニケーションの基本とされている。なんとなく「あうんの呼吸で」というのではなく、目と目できちんと了解をとり合ってから動くのが基本である。あるいは他者との距離感覚にしても、実際の空間的な距離のとり方を身を動かして練習することで摑んでいくやり方がとられる。常に自分が誰に対してどのぐらいの距離感で事を行っているのかを把握していることが、場で動く際の基礎的な感覚とされている。こうした他者との距離感覚や場の空間感覚に関しては、欧米の距離感覚を技として身につけていくことが今後いよいよもとめられるであろう。

日常生活や日本の伝統的な身体文化によっては補いきることのできない距離感覚については、演劇的なアプローチが重要だと考えられる。他者から見られているという前提のもとに距離感覚をもち、自分のスタイルで自分の存在感を場に示していくという積極性は、二一世紀の社会でいっそうもとめられるものであるが、こうした場での振る舞い方と感覚を演劇は構造的に基本としている。演劇そのものにせよ、演劇ワークショップにせよ、〈中心（芯）感覚〉と〈距離感覚〉という観点から見て有効性の高いものを身体文化カリキュラムにとりいれていくことは意義のあることである。

「渾身」という身体感覚

失われつつあるからだ言葉の一つとして「渾身《こんしん》」がある。

渾身は、「渾身の力をこめる」というときに使う言葉である。現在、七〇代以上の人は渾身という言葉を日常的に用いるが、現在の若者の会話にはほとんど出てこない言葉である。大学生五〇〇人に聞いたところ、この言葉を日常語として用いる者はゼロであった。渾身の「渾」はすべてあるいはひとまとめにするという意味であり、渾身はからだ全体をひとまとめにすることを意味する。全身という言葉はからだ全体を指すが、渾身という言葉はからだ全体のエネルギーをひとまとめにするニュアンスがある。全身写真という言葉はあるが、渾身写真という言葉はない。渾身にはからだ全体の力をひとまとめにして、一点に注ぎこむ身体感覚と技がこめられている。

渾身の「渾」は、三水《さんずい》がついているように、水と関係した言葉であり、水が盛んに流れるさま(混混)や混じり合うこと(渾然)や大きく力強い様子(雄渾)を意味としてもっている。すべてという意味が基本ではあるが、このニュアンスを活かして解釈するとすれば、からだの中をエネルギーの波がひとまとめになって一点に注ぎこまれる身体感覚ということになろう。全身に力が満ちる感じを渾身は前提としてもっているので、「満身」とニュアンスとしては近い。大和言葉の「こ」という音は一つにまとまるという語感がある。それが「ん」と結びつくことによっていっそう力強い語感が生まれる。渾身という語感は息をぐっと溜める身体感覚を喚起しやすいものである。

渾身という言葉が死語になりつつある背景として、渾身というからだの使い方や身体感覚が必要とされる状況が激減していることがあげられる。実際に渾身の力を振り絞らなければいけない状況は、スポーツの場面を除けばほとんどないと言ってよい。もちろん試験のときなど精神的な面では全力を出し切らなければいけない局面はあるが、そうした状況は、実際の身体感覚としての渾身とは異なる。「渾身の力をもってこの難局に対処したい」といった表現は、あくまでも比喩表現である。こうした言葉を使う素地として、実際に全身の力を一点にこめる身体経験が必要である。

現代社会の生活においては、肉体的な意味での渾身がもとめられる状況は少ないであろうが、精神的な意味での渾身の必要性は変わることはない。全力を出し切ることがもとめられる状況において、「頑張る」という言葉しかもたないのと「渾身」という言葉をもっているのでは、事を成す力が変わってくる。実際に肉体的な経験として渾身を身にしみこませているとすれば、渾身という言葉によって全身に力が漲り、それを一点に集中して注ぎこむ身心の構えが誘導されやすい。

渾身はそれ自体が一つの「技」である。渾身は、練習しなければうまくはできるようにならないからだの使い方である。渾身には、腰の構えや呼吸法が組みこまれている。腰砕けになったり、息が乱れていたりすれば、渾身は成り立たない。渾身は、教育を通して伝承されるべき身心文化なのである。

「渾身」の授業

私は、この渾身という言葉と技が伝承されていない状況を、大きな文化的損失として残念に思っていた。そこで、現在の七〇代以上の人が自然な感覚として身につけている渾身の感覚を、子どもたちに伝承する手だてを練り、行ったのが、幸田文の「なた」という短文をテキストにした授業である。江戸川区立平井西小学校六年一組でこの授業を試みる機会を得た。「なた」という文章につ

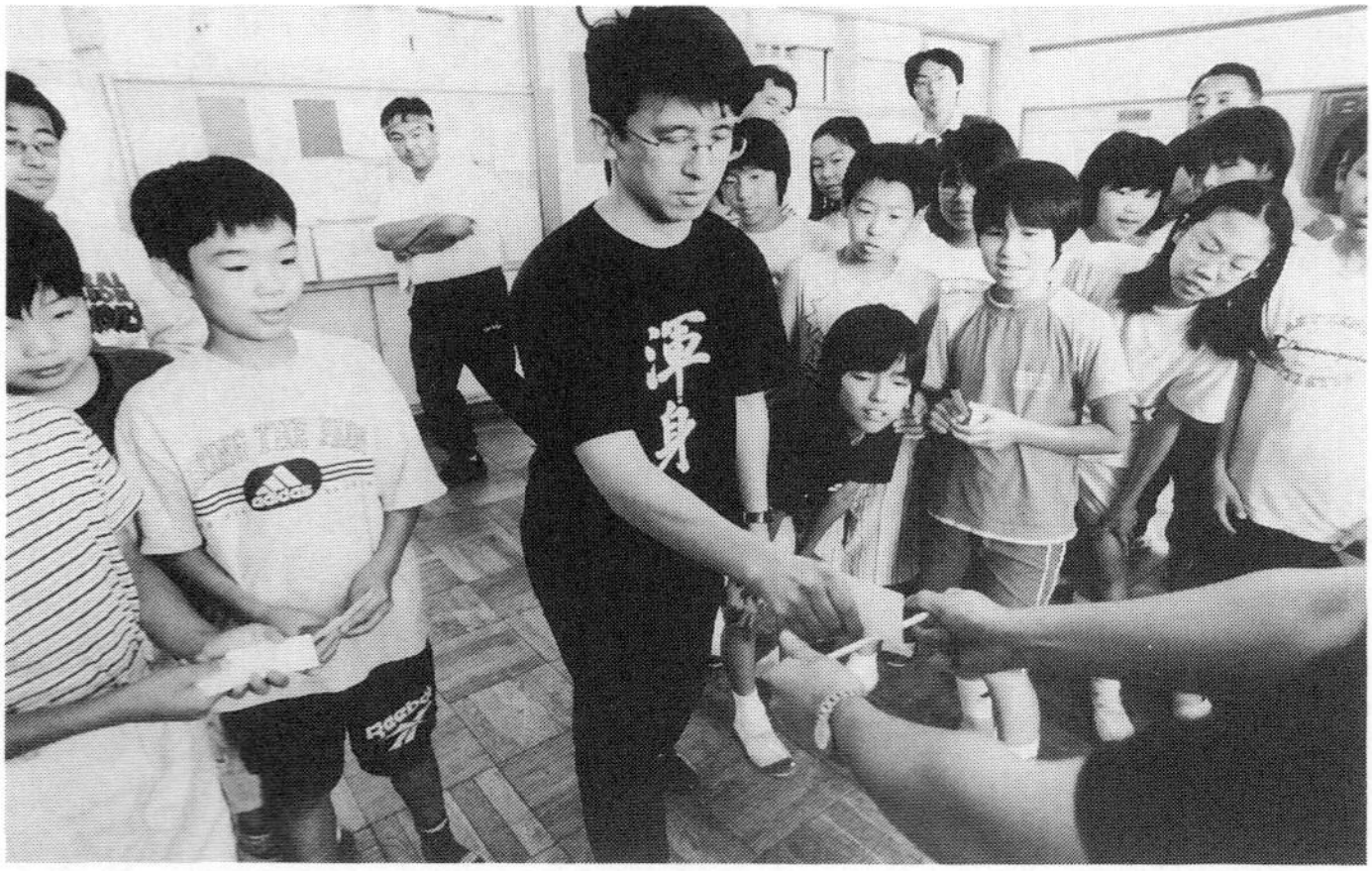

渾身Ｔシャツを着用し、割り箸割りの構えに入る著者。平井西小学校にて（撮影：鈴木康弘）。

いては前著『子どもたちはなぜキレるのか』（ちくま新書）で言及したので、ここでは簡単に概略を述べる。

娘の文がなたで薪《まき》を割ろうとするが、こつんこつんと二度三度とやって割るやり方しかできない。それに対して露伴は、「おまえはもっと力が出せる筈《はず》だ、働くときに力の出し惜しみするのはしみったれで、醜で、満身の力を籠めてする活動には美がある」と言って、文のやり方を「構えが足りない」と言って叱る。露伴は、「二度こつんとやる気じゃだめだ、からだごとかかれ、横隔膜をさげてやれ。手のさきは柔らかく楽にしとけ。腰はくだけるな。木の目、節のありどころをよく見ろ」という具体的な、しかも奥の深いアドバイスをあたえながら気合いを入れる。追いこまれた文は、肚を決め、満身の力をこめて薪を割る。そうした鍛錬を通じて文は技を習得するとともに、渾身ということを身をもって知る。

「なた」という短文で鍵となる文章は、「畢竟《ひっきょう》、父の教えたものは技ではなくて、これ渾身ということであった」である。なたで薪を割るという技以上に、渾身という生き方の美学を父は娘に伝えたということである。露伴は合理性を重んじると同時に、生きる姿勢の美しさをも同時に追求する。渾身の力をこめなくとも薪は割ることができるし、効率のよさからいえば、すでに細くなっている薪を買ってくることもできないわけではない。しかし、渾身という「生《せい》の美学」を、具体的な技を通して反復練習して身につけていくこと自体がこの父娘にとっては重要であった。

授業のねらいは、渾身という言葉を実感をもって受け止めてもらうことである。そのためには、この短文を読むだけでは不十分であり、できれば実際に薪をなたで割ってみるのがよい。しかし、なたは子どもたちが扱うには危険すぎるので、ほかの工夫が必要である。そこで身体感覚としては比較的似ているが危険ではないものとして、名刺による割り箸割りをとりいれることにした。

割り箸を割る

これは二人一組になって、一人が割り箸を一本もち、もう一人が手にもった名刺を垂直に打ち込んで、もう一人のもつ割り箸を叩き割るというものである。この割り箸割りのポイントは、手先や腕だけで割ろうとすると決して割れず、腰をしっかり構えて息を調え、全体重を垂直に一点にかけなければ割れないというところにある。腰をしっかり決めて息をぐっと溜め、集中して一点に力を

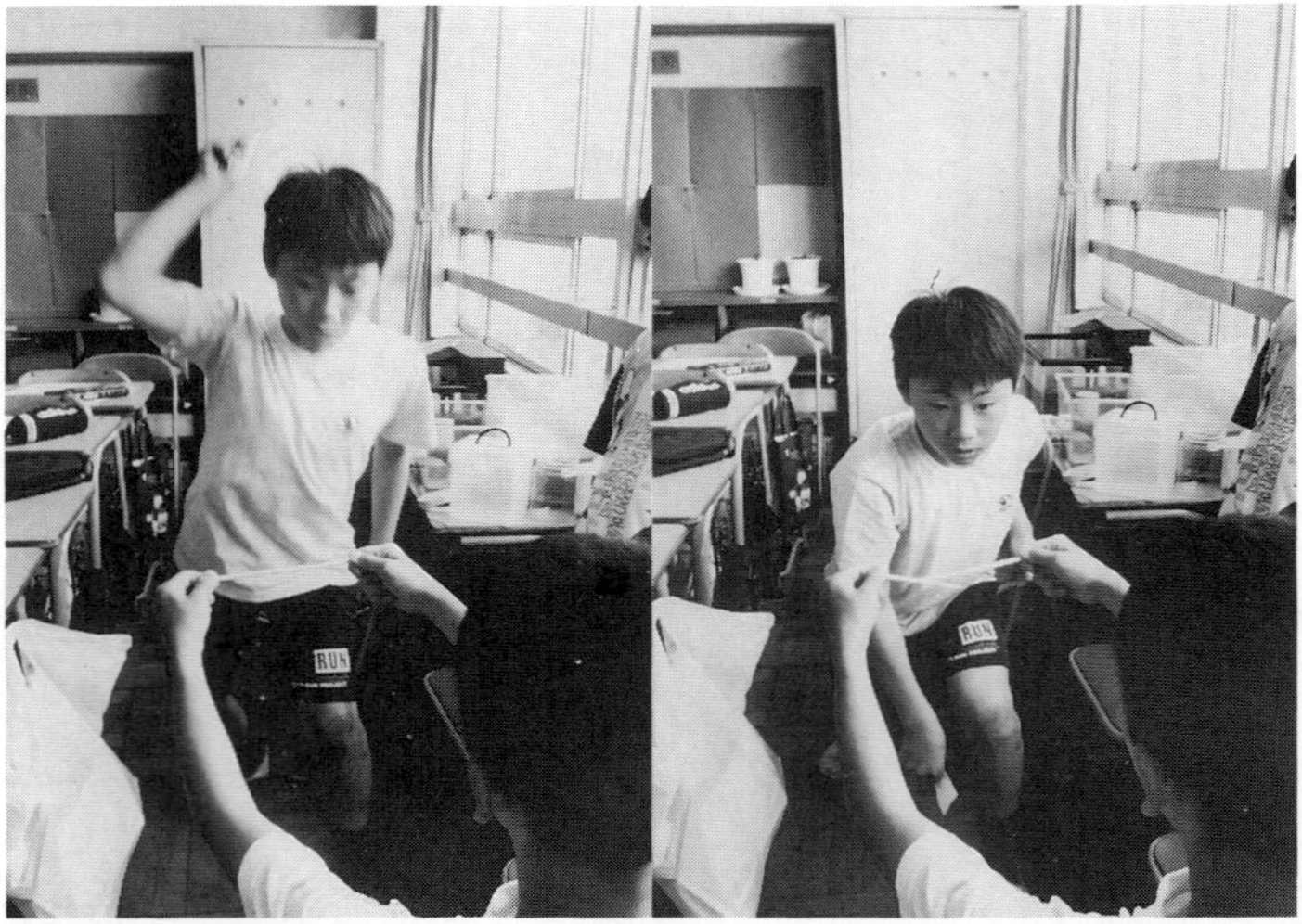

割り箸割りに挑戦する小学生。うまく成功したこの男子の場合、重心のブレが少なく、腰にうまく体重がのっていることが写真から読みとれる。平井西小学校にて（撮影：鈴木康弘）。

注ぎこむというコツは、なたによる薪割りと共通である。腰を据え肚を決める身体感覚がもとめられるのである。

空手では肘から拳までを一体のものとして固め、一本の剣のごとくになるよう訓練する。練習を積むと、肘から先が一つの固まりとして感じられるようになる。名刺を握る感覚はそれと似ており、肘から名刺までが一本の剣のように一体化している感覚の時にうまくいく。名刺をもっている感覚さえなくしてしまうというのが理想である。垂直に割り箸の一点に全身の力が集中したときには、驚くほどすっぱりと割り箸が割れ、名刺にまったくなんの傷も残らないことがある。名刺は昔風の比較的厚手のものがよく、割り箸も安手の割れやすいものがよい。名刺ではどうしても割りにくい場合には、補助手段として、銀行のカードに用いられているようなプラスチックカードを使うこともできる。腰が決まっていない場合には、プラスチックのカードでも割り箸を割ることは難しい。これまでの実験では、空手や剣道など武道をやった経験のある者は、はじめてでも割ることができやすかった。この技は、腰の構え、息づかい、意識の集中、腕の固めなどがそろっていることが必要とされる。この意味では渾身と腰肚文化を実感する機会ともなる。

授業としては渾身というキーワードを徹底的に印象づけるために、例の鍵となる文を反復暗誦するとともに、渾身の文字をプリントしたTシャツを服の下に着こんでおいて、途中でそれを見せるというパフォーマンスを入れることとした（ちなみにテーマが親から子への伝承であるので、渾身の文字は著者の父に毛筆で書いてもらった）。実際に授業を行った経験では、このTシャツは非常にインパクトがあり、子どもたちには人気を博した。

さらに授業の最初の掴みとして、実際になたで薪を割るパフォーマンスを行ったが、これは準備ではうまくいったものの、本番では薪の選択を誤って失敗した。なたが固い薪にくいこんで抜けなくなってしまったのだ。どのような薪も一発で割れるようになるためには、かなりの修練が必要であると痛感した。

予想では名刺による割り箸割りはクラスで一人二人しかできないのではないかと思ったが、実際には三分の一以上が割ることができた。その他の子どももプラスチックカードなどを使い、ほぼ全員が割り箸割りには成功した。男の子は、しっかり構えてから呼吸を調える「間《ま》」をつくることとなく、いきなり割りにいってしまいがちで、失敗が多かった。全般的には、女の子のほうが成功率が高かった。ある女の子は、シンプルな構えと動きで何度やってもすぱっと割り箸を断ち切ることができ、誰の目にもそれが偶然ではないことが見てとられた。

なたでの薪割りと割り箸割りとでは力感が違うので、同一の渾身ではないが、集中して一点に力を注ぎこむ身心の構えをつくるという点では共通している。割り箸割りだけならばたんなるゲームとして位置づけられてしまう可能性もあるので、あくまで腰肚文化や渾身というキーワードと結びつけて行うことがポイントであった。

この授業の子どもたちの感想には、次のようなものがあった。「国語と体育の授業を合体した授業は初めてだったしナタの文章は幸田文さんの気持ちがつたわってきました。わりばしをおったとき、渾身という意味がわかったような気がした」。「なたを見たとき、こんなものを幸田文さんは、小さいときからやっていたなんてすごいなアーと思いました。「なた」を朗読したとき、幸田さんの気持ちがはいっていて、よくこんなに気持ちがわかるようなことがかけるなんてすごいと思いました」。

幸田文を読んでみる

この授業のもう一つのねらいとしては、日本語として最も優れた力のある名文を小学生にぶつけるということであった。幸田文の文章は教科書に採用されることが多いが、ほぼすべて高校の教科書である。この「なた」という短文も漢字が多く、文章も凝縮しているので、解釈しだせば難解なところもある。一般的には、小学校では扱うことは考えられない文章である。しかし、私は常々、小学校や中学校の国語の教科書に、日本語としての力のある本当の名文が非常に少ないことを残念に感じていたので、小学生には是非とも大人が感銘をうけるような文章に出会ってほしいと考えていた。

美術や音楽の世界では、子どもにこそ本物の名画や名曲と出合う機会を多くするのがよいということは常識になっている。名画や名曲を理解する前段階として、それよりも力のない二流の作品を通らなければいけないという考え方はまったくない。言語の場合は、美術や音楽とは事情を異にするのは当然ではあるが、小中学校の国語教科書に載せられている文章はほぼ完全に理解されるように組まれているので、必然的に大人の鑑賞には堪えにくいものが多くなる。漢文の素読はあまりにも極端なケースであるが、文章の中にたとえわからない部分があちらこちらにあったとしても、肝心なポイントが力のある言葉で伝われば、よいのではないかと私は考える。学年ごとの当用漢字の割り振りが問題であるならば、振りがなをつければよい。私はこの授業のテキストには、総ルビに近い振りがなをつけてテキストとした。

かつては総ルビの書物が多く、大人の読むような文章を子どもも読むことができた。硬いものを食べなければ強い顎《あご》は育たない。硬い顎が育っていなければ、硬い食物がもつ本当の滋養を吸収することはできない。すべての子どもがすべてを理解できるテキストを基本とするならば、選ばれる文章は軟らかいものにならざるをえない。難しい文は、教師が解説しながら読み聞かせをするだけでもよい。小中学校の時代に大量の名文と出会うことが、強い日本語の顎を育てると考える。

小学生に「なた」をぶつけることは、完全な理解をねらいとしたものではなく、「よくはわからないが力のある文章だ」という実感をもってもらうことがねらいであった。

今後、学習指導要領の改訂により小中高の教育内容は優しくなる傾向にある。教科の事情にもよるが、国語の場合は、レベルの高い、大人が感銘をうけるような本当に力のある文章を小学校四年以降にぶつけていくのが、子どもの価値観や美意識を育てる意味でも必要であると私は考える。優れた文章がもつ言葉の力は、子どもの身体感覚に訴えかけ、心にインパクトを残し、未来への予感を抱かせるはずである。比喩的に言えば、十の内容しかないものを一生懸命やっても八か九にしか至れないが、百の内容のあるものと出会えば自然と二十ぐらいを得ているということである。わからない部分が八割あってもまったく構わないという考え方は、無謀なようであるが、伝統的な武道・芸道の上達論としてはむしろ当然の考え方である。「満足できるわからなさ」というものがある。やっていることの意味は、あとからわかってくるという上達論の考え方には、深みがある。

第三章でも述べたが、型にせよ古典にせよ、文化的価値の高いものをまず身体にしみこませておくということが重要である、実際にからだを使い、反復しながらその型や古典と馴染んでいくプロセスを通じて、自分の身の内に、生涯にわたって自分を活気づける宝が培われる。暗誦の価値が見直されるべき所以である。たんにわかることが重要なのではなく、からだに馴染んで技化《わざか》していることが重要なのである。幸田露伴は、こうした暗誦による身体知の価値を十分に認識していた。それもただ認識していただけでなく、その技とコツを周りの人たちに伝授していった。

和辻哲郎は、「露伴先生の思いで」という短文の中で、からだで味わうコツを伝承する露伴の絶妙な技について、次のように書いている。

関東大震災の前数年の間、先輩たちにまじって露伴先生から俳諧の指導をうけたことがある。その時の印象では、先生は実によく物の味のわかる人であり、またその味を人に伝えることの上手な人であった。俳句の味ばかりでなく、釣りでも、将棋でも、その他人生のいろいろな面についてそうであった。そういう味は説明したところで他の人にわかるものではない。味わうのはそれぞれの当人なのであるから、当人が味わうはたらきをしない限り、ほかからはなんともいたし方がない。先生は自分で味わってみせて、その味わい方をほかの人にも伝染させるのであった。たとえばわかりにくい俳句などを「舌の上でころがしている」やり方などがそれである。わかろうとあせったり、意味を考えめぐらしたりなどしても、味は出てくるものではない。だから早く飲み込もうとせずに、ゆっくりと舌の上でころがしてやればよいのである。そのうちに、おのずから湧然と味がわかってくる。そういうやり方が、先生と一座していると、自然にうつってくるのであった。そのくせ今残っている感じからいうと、「手を取って教えられた」というような気がする。

先生の味解の力は非常に豊富で、広い範囲にわたっていたが、しかし無差別になんでも味わうというのではなく、かなり厳格な秩序を含んでいたと思う。人生の奥底にある厳粛なものについての感覚が、太い根のようにすべての味解をささえていた。従って味の高下や品格などについては決して妥協を許さない明確な標準があったように思われる。外見の柔らかさにかかわらず首っ骨硬い人であったのはそのゆえであろう。(『和辻哲郎随筆集』岩波文庫、p.199-200)

和辻はこの場で、深みのあるものは早く呑みこまずに舌の上でころがしてみるというコツを学びとっている。「味解の力」という言葉は、一般的には用いられていないが、具体的なコツをふくんだ含蓄のある表現である。暗誦が軽んじられたのは、些末な知識の丸暗記と一緒くたにされて捉えられているためでもある。重箱の隅をつつくような些末な知識の暗記と、数百年数千年かけて吟味され厳選された古典の章句を暗誦することとは、まったく意味が異なる。

基本となるものを厳しく設定し、それを徹底的に身につけるという露伴のスタイルを、和辻が「首っ骨硬い人であった」という言葉で表現しているのは意義深い。露伴においては、知のあり方が生き方の美学と不可分の関係にある。和辻は、露伴の生の美学を、柔らかな中に硬い骨が一本通っているという身体イメージで捉え表現している。これはたんなる比喩ではなく、露伴の実際の身体のイメージでもあったろう。「首っ骨」「背骨」「顎」「腰骨」などといった「骨」についての身体感覚は今後、衰退が必至なだけに、いよいよ重要性を増すであろう。

暗誦に話をもどせば、暗誦した章句は、生き方の美学に影響をあたえる。大人であれば、自分の生き方の美学を支える言葉を、ある程度心の中に培っているものであろう。しかし現代日本においては、暗誦されるべき古典が共有されていないので、社会全体の「生の美学」の共通基盤が形成されていない。現在の親世代は、自分自身が暗誦するという身体知の伝統を引き継いではいない。したがって、親子でともに覚える気になるような暗誦テキストが望まれる。

昭和の子ども

本章を終えるにあたって、「昭和の子ども」について簡単に言及しておきたい。この章のタイトル「二一世紀の身体へ」を締めくくるのに「昭和の子ども」をもってくるのは、見当はずれな感じがするかもしれない。しかし、二一世紀の身体といっても、宇宙人と交信できる身体をイメージしても仕方がない。また、幕末の武士や農民の身体性をそのまま再生しようというのも、無理な相談である。現実的に考えた場合、二一世紀の日本の社会においてモデルとすべきは、昭和の子どもたちの身体性ではないかと考える。昭和といってもここで想定しているのは、昭和二〇年代から昭和四〇年代あたりである。

写真家の土門拳に『土門拳の昭和［2］こどもたち』（小学館）という写真集がある。昭和二〇年代、三〇年代の日本各地の子どもを写したものだが、当時を知っている者にとってはまったく日常的な光景ばかりであるのに、不思議に衝撃をあたえる写真集である。

とにかく、子どものからだが躍動している。子どもは外で遊ぶものだという認識は、当時はあまりにも当たり前であったが、現在、子どもの、特に男の子の遊びの中心はゲームであり、室内で行われることのほうが多くなっている。

路地で縄跳びをする女の子。チャンバラごっこをする男の子。おしくらまんじゅうをしたり、紙芝居の前に集まる子どもたち。特に自然の中で遊んでいるわけではない。空き地は少なくなったにせよ、今でも十分残っているような路地で、子どものからだが躍動しているのである。

次ページの写真のように、男の子と女の子がくっつき合って馬乗りになり、激しく揺さぶり合うという遊びも日常的であった。子どもの数が多いせいもあるのだろうが、子ども同士がからだを触れ合わせ、ぶつけ合わせている光景が非常に多い。からだで相手のからだを感じているのである。コミュニケーションの基本は何といっても、からだとからだの触れ合いである。コミュニケーションの基礎が、こうしたからだが触れ合う遊びの中で形成されていたのである。こうしたからだが触れ合いぶつかり合う機会は、今では相当減少している。かつては、スポーツという枠組みにそれぞれが入りこむ以前に、遊びの中で身体感覚が磨かれていたのである。

たしかに敗戦によって、伝統的な身体文化の継承は大きく断絶した。しかし、子どもの遊びの世界は、戦後も決定的な断絶を蒙ったわけではなかった。正式な型による躾は弱体化し、フォーマルな場での腰肚文化の継承は相当程度、断絶したかもしれない。しかし、昭和の子どもたちのからだには、いまだに力強さや躍動感が見られ、身体のコミュニケーションも見事に行われている。腰肚

土門拳が昭和28年に撮影した、馬乗り遊びをする子どもたち（写真提供：土門拳記念館）。この遊びは、著者が小学校のときも流行っていたが、乗った側が思い切りからだを揺すり、馬側の相手をつぶすというかなり激しい遊びである。この遊び自体が、足腰の粘り強さを試し合う練習になっている。その上に、馬がつぶれないためには、身体と身体の間の結束力が必要とされる。現在は、この遊びはほとんど見られない。交互に馬になる馬跳びの遊びも、同様に廃れてしまっている。からだが触れ合う遊びや足腰の強さを試し合うような遊びは、70年代以降、急速に衰退したといえる。

文化にしても、遊びの中には生きている。

前ページの写真は、足腰の強さを競い合う遊びである。それも一人ではなく数人で、足腰の強さ、連結の強さ、強靭さを競うものである。一九五〇年代、六〇年代の日本の子どもの身体感覚は、決して貧しいものではない。足の指にも力が入っているし、膝にもバネがある。他人のからだと触れ合うことにも馴れているし、もみ合いの経験を通じて加減も心得ている。

当時の子どもたちがもっていた身体感覚は、より具体的にはどのようなものであったか。この詳しい考察は、機会を改めなければならないが、ここでは戦後、即座に伝統的な身体文化が根こそぎ途絶えたのではないということを確認しておきたい。最近の三〇年間における身体感覚の変化と衰退のほうが、戦後三〇年ほどの間の変化よりも、いっそう重大なのかもしれない。

いたずらに復古的になることなく、身心のいわば「栄養バランス」を冷静に捉え直す作業を行う必要がある。こうした作業を行う責任は、からだが開かれ躍動していた幸福な子ども時代を過ごした者すべてが担うべき責任なのではないだろうか。「身体感覚を取り戻す」作業の資料とヒントは、自分の身体に沈澱しているのであるから。

あとがき

かつてNHKで放映された人気アニメ『未来少年コナン』は、『風の谷のナウシカ』や『もののけ姫』を作った宮崎駿の演出した作品であるためか、いまだに根強い人気を博している。最近、このアニメのビデオを見る機会があったのだが、そこで一つ気づいたことがある。それは未来少年であるはずの主人公の身体が、基本的に昭和の子どものからだだということである。

コナンの全身には力が漲っている。銛をもって走り回る姿は、昔の男の子がよく棒をもって走り回っていた姿を思い起こさせる。昔は棒をもって走り回る子をよく見かけたが、今はほとんど見ない。コナンは長い時間水にもぐることができる。潜水ごっこは忍者の技のようで、昔の子どもには人気があったものだ。コナンは足の指の力が強い。足の指で踏ん張ったり、摑んだりする。女の子を助け、背負いながら高いところから飛び降り、シコ立ちで着地する。

背負うことや高いところから飛び降りることは、遊びの中でかつてはよく見られた。コナンのシコ立ちも、かつての日本の子どもを思い出させる。また、飛び降りた衝撃で足からしびれが全身に伝わりビリビリする感覚も、昭和の子どもにはおなじみの感覚である。

これは昭和に限らず、明治以前から戦前戦後をふくめて、日常的な子どもの身体の動きであり感覚であった。本書のタイトルは『身体感覚を取り戻す』であるが、それはなにも江戸時代の感覚を取り戻せということでは、必ずしもない。江戸時代の身体感覚には、現在では衰退してしまった素晴らしいものがある。そうした百年単位の身体文化の伝承の重要性を本書でも再三強調しているが、三、四〇年程前の日本の子どもには、そうした伝統的な身体感覚がまだかなりの程度残されていたのである。身体感覚は、通常は個人的なものだと思われがちであるが、実際には相当程度、社会的なものである。

身体感覚は文化として認められにくいので、そのうちの何かが衰退していったとしても、気づかれることが少なく、また意識的な伝承がはかられることも少ない。時代の推移にしたがって、身体感覚もまた変化を余儀なくされるのは当然である。しかし、自己の〈中心感覚〉や他者との〈距離感覚〉といった基本的な感覚を支えている伝統的な身体感覚が、文化として認められることもなく、いたずらに衰退するに任せるのはいかにも忍びない。

身体感覚を意識的に伝承することに関して、あまり悠長に構えている状況ではないと私は考える。現在の七〇代、八〇代以上の人たちは、数百年以上に渡る伝統的な身体感覚の蓄積を身にしみこませている。その人たちのもっている、文化遺産としての身体感覚と技を若い世代に伝承していくには、ある程度急がなければならない。三世代ほどをかけて衰退するに任せてしまった伝統的な身体感覚を、ねらいを絞って意識的に伝承する必要があるのである。

二一世紀に入り、社会の情報化が進めば、身体はおそらくこれまで以上に大きな課題として浮かびあがることになるであろう。自己の存在感の希薄化と他者とのコミュニケーションの困難さが二大問題となるであろうが、この二つはともに〈中心感覚〉と〈距離感覚〉という二つの身体感覚に基礎をおくものである。今後、欧米社会の基準がさまざまな形で日本社会に要求されるようになっていくにしたがい、欧米社会における伝統的な身体感覚をもかなりの程度身につけていかなければならないであろう。そうした適応力の基盤としても、歴史の厚みのある身体感覚を身につけていることが大きな支えとなるはずである。

この本を書く際に一貫してとり続けた構えは、私自身の身体感覚を積極的にフィルターとして活用するということである。私の研究スタイルは、自分の身体でまずは経験してみるということである。十指に余るさまざまな身体技法の先生方に教えをうけ、四六時中自分のからだを実験台にして研究を進めてきた。とりわけ呼吸法に関しては、はじめにこだわったときから早くも二〇年の歳月が流れたことに、不思議な感じを抱いている。

この本は、前著『子どもたちはなぜキレるのか』における身体の考察をより深めた形になっている。前著刊行後、NHKのETVカルチャースペシャル「能に秘められた人格～最新科学が解き明かす心の世界」(平成一一年一一月二〇日放送)において呼吸法の紹介をさせてもらい、朝日新聞家庭面(平成一一年一二月五日付朝刊)において、「腰すえハラきめ自然体」という見出しで身体文化カリキュラムを紹介してもらったことなどが文脈となって本書にいたっている。身体感覚の問題は非常に広いけれども、今回は、〈腰肚文化〉と〈息の文化〉に焦点を絞って述べた。

この本がなるにあたっては、多くの方々にお世話になっている。非常に高度な身体認識を惜しげもなく教えてくださった諸身体技法の先生方。身体文化の授業実践の場をあたえてくださった、江戸川区立平井西小学校の前島正俊校長をはじめとする先生方と子どもたち。私の研究を励まし薫陶を授けてくださった北田耕也明治大学名誉教授。実験的な試みに常に協力してくれた、私が主催する研究会のメンバーの方々と明治大学の学生の皆さん。祖父母・父母をはじめとして、生活の中で私に身体感覚の伝承をしてくれた方々。資料収集・整理等に協力してくれた嶋田恭子さん。そして、さまざまなアドバイスをふくめて精力的に編集してくださったNHK出版の石浜哲士さん。このほか名前を挙げきれない方々もふくめて、深く感謝いたします。ありがとうございました。

二〇〇〇年七月

斎藤　孝

斎藤　孝――さいとう・たかし

●1960年、静岡生まれ。東京大学法学部卒業。同大学大学院教育学研究科学校教育学専攻博士課程修了。現在、明治大学文学部教授。専攻は教育学・身体論。教職課程で中高教員の養成に従事。http://www.kisc.meiji.ac.jp/~saito/

●主な著書：『子どもに伝えたい〈三つの力〉』『生き方のスタイルを磨く』（以上、NHKブックス）『教育欲を取り戻せ！』『あなたの隣の〈モンスター〉』『王貞治に学ぶ日本人の生き方』（以上、生活人新書）『福沢諭吉　学問のすゝめ』（NHK「100分de名著」ブックス）『子どもたちはなぜキレるのか』『「できる人」はどこがちがうのか』『段取り力』『質問力』『コメント力』『学問のすすめ　現代語訳』（以上、筑摩書房）『声に出して読みたい日本語　1・2・3』（草思社）『三色ボールペンで読む日本語』『からだを揺さぶる英語入門』（以上、角川書店）『理想の国語教科書』『子どもの日本語力をきたえる』『退屈力』『坐る力』『発想名人』『スポーツマンガの身体』（以上、文藝春秋）『人間劇場』（新潮社）『読書力』『コミュニケーション力』『教育力』『古典力』（以上、岩波新書）

ＮＨＫブックス［893］

身体感覚を取り戻す　腰・ハラ文化の再生

2000年８月30日　第１刷発行
2024年６月５日　第33刷発行

著　者　斎藤　孝

発行者　江口貴之

発行所　ＮＨＫ出版

東京都渋谷区宇田川町10-3　〒150-0042
電話　0570-009-321（問い合わせ）　0570-000-321（注文）
ホームページ　https://www.nhk-book.co.jp
［印刷］光邦　［製本］ブックアート　［装幀］倉田明典

落丁本・乱丁本はお取り替えいたします。
定価はカバーに表示してあります。
ISBN978-4-14-001893-4 C1336

NHK BOOKS

＊教育・心理・福祉

身体感覚を取り戻す―腰・ハラ文化の再生― 斎藤 孝
子どもに伝えたい〈三つの力〉―生きる力を鍛える― 斎藤 孝
孤独であるためのレッスン 諸富祥彦
内臓が生みだす心 西原克成
母は娘の人生を支配する―なぜ「母殺し」は難しいのか― 斎藤 環
福祉の思想 糸賀一雄
アドラー 人生を生き抜く心理学 岸見一郎
「人間国家」への改革―参加保障型の福祉社会をつくる― 神野直彦

＊社会

嗤う日本の「ナショナリズム」 北田暁大
社会学入門―〈多元化する時代〉をどう捉えるか― 稲葉振一郎
ウェブ社会の思想―〈遍在する私〉をどう生きるか― 鈴木謙介
ウェブ社会のゆくえ―〈多孔化〉した現実のなかで― 鈴木謙介
現代日本の転機―「自由」と「安定」のジレンマ― 高原基彰
希望論―2010年代の文化と社会― 宇野常寛・濱野智史
団地の空間政治学 原 武史
図説 日本のメディア［新版］―伝統メディアはネットでどう変わるか― 藤竹 暁／竹下俊郎
情報社会の情念―クリエイティブの条件を問う― 黒瀬陽平
日本人の行動パターン ルース・ベネディクト
現代日本人の意識構造［第九版］ NHK放送文化研究所 編
争わない社会―「開かれた依存関係」をつくる― 佐藤 仁

※在庫品切れの際はご容赦下さい。